GABY

Sanando mi Corazón®

*Dios te Ama
Gaby Jacoba* ♥

La presente obra se encuentra protegida por derechos de autor, así como por CRM que ubica cualquier descarga, copia o impresión no autorizada, por lo que de acuerdo con la legislación internacional vigente en materia de propiedad intelectual, queda totalmente prohibida la reproducción (total o parcial), la distribución, la comunicación pública, la puesta a disposición interactiva, la transformación, así como cualquier otra explotación, por cualquier medio de los contenidos de este libro, haciéndose acreedor a las sanciones penales y económicas contempladas por ley.

This work is protected by copyright, as well as by CRM that locates any unauthorized download, copy or printing, therefore, in accordance with current international legislation on intellectual property, reproduction (total or partial), distribution, public communication, interactive availability, transformation, as well as any other exploitation, by any means of the contents of this book, qualify for the criminal and economic sanctions contemplated by law.

© Gabriela Jacoba Reynoso Navarro
© Grupo Rodrigo Porrúa S.A. de C.V.
Lago Mayor No. 67, Col. Anáhuac
C.P. 11450, Del. Miguel Hidalgo
Ciudad de México
(55) 5293 0170
produccion@editorialgrp.com.mx
1ª. Edición, 2021
ISBN: 978-607-8610-82-2
Impreso en México - Printed in Mexico
Prohibida la reproducción total o parcial por cualquier medio
sin autorización escrita del titular de los derechos patrimoniales
Características tipográficas y de edición:

GRP México

Todos los derechos conforme a la ley
Responsable de la edición: Rodrigo Porrúa del Villar
Corrección ortotipográfica y de estilo: Emilio Antonio Calderón Menez
Fotografía de portada: María Fernanda Madrigal Navarro
Asistente de edición: Pablo Casso
Dirección creativa: Gaby Jacoba
Diseño editorial: Grupo Rodrigo Porrúa, S.A. de C.V.

ÍNDICE

PRÓLOGO PEPE ALONSO 7

PRESENTACIÓN P. JUAN MARÍA SOLANA, L.C. 9

SANANDO MI CORAZÓN 11

INTRODUCCIÓN AL MÉTODO DE SANACIÓN INTERIOR CRISTOCÉNTRICO SANANDO MI CORAZÓN 12

CAPÍTULO 1 SANAR ES UN REGALO PARA TU CORAZÓN 15
CAPÍTULO 2 JESÚS TE CONOCE Y TE AMA 24
CAPÍTULO 3 FUIMOS CREADOS PARA AMAR Y SER AMADOS 32
CAPÍTULO 4 REGRESAR A MI CORAZÓN DE NIÑO 42
CAPÍTULO 5 CONFIGURACIÓN DE TU CORAZÓN 54
CAPÍTULO 6 HERRAMIENTAS DE TU PROCESO DE SANACIÓN 69
CAPÍTULO 7 RECUPERAR A MI NIÑO INTERIOR 75
CAPÍTULO 8 IDENTIFICAR MIS HERIDAS 83
CAPÍTULO 9 IDENTIFICAR TODO LO QUE HAS HECHO PARA SOBREVIVIR A TUS HERIDAS 91
CAPÍTULO 10 INVENTARIO DE LAS HERIDAS DE TU INFANCIA 96
CAPÍTULO 11 INVENTARIO DE LAS HERIDAS EN LA ADOLESCENCIA 106

CAPÍTULO 12	INVENTARIO DE HERIDAS SIENDO ADULTO	113
CAPÍTULO 13	ENTREGARLE A JESÚS MIS HERIDAS	122
CAPÍTULO 14	ENTREGARLE AL DIVINO NIÑO JESÚS MI NIÑO INTERIOR	140
CAPÍTULO 15	PERDONAR DESDE LA RAÍZ	143
CAPÍTULO 16	PERDONARTE A TÍ MISMO (ETAPA DE ADOLESCENCIA Y ADULTA)	147
CAPÍTULO 17	PROGRAMA DE TRANFORMACIÓN CONTINUA DE MI CORAZÓN	152
CAPÍTULO 18	FÓRMULA DE TRANSFORMACIÓN DE VIDA	163
CAPÍTULO 19	JESÚS, TOMA MI CORAZÓN Y HAZ CON ÉL TU VOLUNTAD	167
CAPÍTULO 20	TRANSFORMARME EN EL AMOR DE DIOS	170
CAPÍTULO 21	AUTOESTIMA AMARME Y CUIDARME A MÍ MISMO	173
CAPÍTULO 22	RENACER EN EL AMOR DE DIOS	180
CAPÍTULO 23	MARÍA NUESTRA MADRE MODELO DE VIRTUDES	185
CAPÍTULO 24	VIVIR LOS FRUTOS DEL ESPÍRITU SANTO EN MI CORAZÓN	188
CAPÍTULO 25	SOY LIBRE PARA AMAR	193

AGRADECIMIENTOS

Primeramente quiero agradecer a Jesús mi gran amor, por sanarme y con el poder de su amor hacer mi corazón de nuevo.

Gracias a María, mi madre del cielo, por su amor, guía y protección.

Gracias Ruffo por tu apoyo incondicional en todo este caminar de 25 años, mi compañero en esta intensa aventura.

Gracias Allegra y Pablo, han sido mi mas grande motor e inspiración, los amo con toda la fuerza de mi corazón.

Gracias Ana Cecilia "Popa" por todo tu amor guía y apoyo, me impulsaste desde los 14 años a luchar por mi sanación.

Gracias a mis terapeutas que me acompañaron en estos 25 años en las diferentes etapas de mi proceso de sanación y recuperación, cada uno me ayudó a armar diferentes piezas de mi corazón.

Gracias a Pilar Mantecón, Asunción, Arturo Balderas y Vanessa Suro.

Gracias al Padre Juan María Solana por su amistad y por todo su apoyo y confianza en este método de sanación.

Gracias al Padre Alfonso Guevara por su apoyo espiritual e impulso para iniciar a desarrollar este método de sanación.

Gracias al Padre Luis Zazano por su apoyo guía y amistad.

Gracias Pepe Alonso, por tu amistad y apoyo, por ayudarme a llevar a muchos corazones este mensaje.

Gracias a María Fernanda Madrigal, Love you.

DEDICATORIA:

Este libro se lo dedico al Sagrado Corazón de mi amado Jesús, a Gabita mi niña interior que luchó incansablemente hasta lograr sanar su corazón, Allegra y Pablo tesoros de mi corazón.

PRÓLOGO
PEPE ALONSO

En esta obra, Gaby Jacoba, basada en su propia experiencia de vida con Cristo nos regala hoy este instrumento de sanción, SANANDO MI CORAZÓN, este libro no pretende ser un tratado médico para cardíacos, sino una guía que nos llevará a un encuentro con Jesús, el único capaz de sanar nuestro corazón.

Cuando hablamos de "corazón ", encontramos en la sagrada Escritura que está claro que la palabra corazón (leb, lebab, kardía) forma la base de toda la relación religioso-moral del hombre con DIOS, el corazón está en el centro de toda la vida psicológica, moral y religiosa, es el lugar donde maduran las disposiciones del hombre, buenas o malas, es el centro de la vida moral, como principio y origen de la responsabilidad, como conciencia, se le considera también como el centro de la vida cognoscitiva y representa por tanto la interioridad del hombre y su intimidad profunda.

Todos, me incluyo yo el primero, necesitamos en el transcurso de este peregrinaje ir sanando una serie de heridas, rechazos, incomprensiones, abusos, (incluso sexuales) de todo tipo, mal tratos, etc., etc. Incluso, necesitamos también, y quizá en primer lugar, sanar nuestra relación con DIOS, a quien muchas veces culpamos de su indiferencia y abandono hacia nosotros.

Gaby Jacoba ha vivido todo esto, por lo que en estas páginas nos compartirá cómo, desde una perspectiva cristocéntrica, espiritual y psicológica ella ha ido sanando, y por muchos años, ayudando a miles de almas a experimentar esa nueva vida que ya, desde esta corta existencia es posible.
Nunca te arrepentirás de iniciar esta experiencia.

Pepe Alonso

PRESENTACIÓN
P. JUAN MARÍA SOLANA, L.C.

Con gusto presento este libro "Sanando mi corazón" de mi querida amiga Gaby Jacoba, seguro de que hará mucho bien a quienes lo lean. La familia humana no conoce tregua en cuanto a las heridas del corazón. Desde Caín y Abel el libro de la Revelación nos manifiesta que el corazón del ser humano es insondable. Es un abismo de profundidad, para lo bueno como para lo malo. Cada ser humano es un proyecto de Dios inacabado, y El nos pide y propone acabarlo y perfeccionarlo con nuestra colaboración y con su gracia.

Decía el gran San Pablo: "por la gracia de Dios soy lo que soy". Se me viene a la mente un cuaderno de colorear: están trazados los rasgos de figuras, de imágenes y cosas, que hay que colorear, hay que darles vida. Ese es el trabajo de cada persona humana. Dios ha trazado, nosotros debemos colorear. Y no cabe duda de que todo influye en este proceso. De pequeños lo vivimos pasivamente; de mayores interactuamos con más responsabilidad y libertad.

En este libro Gaby nos va desgranando el proceso que se puede ir formando en el corazón humano herido. Se anudan las cosas, las personas, el individuo mismo, y hay que sanarlo. Madurez, salud y santidad, van de la mano en este proceso. No hay alternativas. Hay que sanar los corazones para que la persona alcance el horizonte de su plenitud, de su realización temporal y eterna.

Para los que creemos en Dios, sabemos que el corazón es la "sede" privilegiada de nuestra relación con Dios. Por eso un corazón sano gozará su relación con Dios, consigo mismo y con los demás. Dejémonos guiar por Gaby, y con la ayuda de Dios, y de este proceso basado en el encuentro personal salvífico con Cristo, seremos seguramente mejores.

P. Juan María Solana, L.C.

SANANDO
MI CORAZÓN

Hola ¡Quiero felicitarte! Has dado el primer paso de una gran aventura que será, el rescatarte y recuperarte a ti mismo, hoy tu puedes empezar una nueva vida dentro de ti, viviendo y encontrando la plenitud de la libertad para amar, es un camino en el que día a día podrás ir sanando todas las heridas de tu corazón en el amor de DIOS, para después transformarte en el sueño que DIOS tiene de ti, poco a poco el dolor, la tristeza, la desesperación, la angustia y la soledad se convertirán en fortalezas y tus lágrimas en el gozo de tener tu corazón libre, sano y profundamente unido a DIOS.

Te abrazo en el corazón y te agradezco que me des la oportunidad de crecer juntos y acompañarte en el proceso de sanar tu corazón, recuerda siempre y guarda estas palabras en lo más profundo de tu corazón.

"En DIOS nada es imposible de sanar".

Con todo el amor de mi corazón Gaby Jacoba

Gaby Jacoba

INTRODUCCIÓN AL MÉTODO DE SANACIÓN INTERIOR CRISTOCÉNTRICO
SANANDO MI CORAZÓN

Que alegría me da poderte compartir este método de sanación que he desarrollado por gracia de DIOS en el transcurso de 25 años, en base a la experiencia de mi propio proceso de sanación y a una vocación y misión a la que DIOS me ha llamado para ser un instrumento para ayudar a otros a sanar su corazón.

Este método está cimentado en el **Mandamiento del Amor que nos dio Jesús** *"Amarás al Señor, tu DIOS, con todo tu corazón, con toda tu alma, con toda tu mente y con todas tus fuerzas, y Amarás a tu prójimo como a ti mismo"* Mt. 22, 36-40.

Cuando nuestro corazón tiene heridas y carga recuerdos y emociones que generan sufrimiento continuo, el dolor, angustia, miedo, culpa y enojo ocupan un espacio en nuestro corazón, es por eso que las heridas nos impiden vivir en plenitud, el amor como Jesús nos enseñó, la misión de este método es ayudarte a sanar tu corazón y llevarte a un profundo encuentro con el amor de Jesús que transforma y te lleva a la libertad interior para AMAR plenamente a DIOS Y A TU PRÓJIMO COMO A TI MISMO.

Primeramente y lo más importante es que este es un método de sanación cristocentrico en comunión con la fe católica, todo el proceso de Sanación es vivido unido a Jesús como nuestro más grande amigo sabiendo que él es el médico de nuestra alma, Él será tu guía, tu fuerza y sobretodo el será quien te lleve a un renacer en su amor desde la raíz de tus heridas, este método te lleva a un proceso psicoemocional y espiritual, es un viaje al fondo de tu corazón.

Este metodo esta dividido en 3 etapas:

1- LA SANACIÓN: Principalmente nos enfocaremos a que recuerdes he identifiques tus heridas de raíz (infancia) ayudándote a rescatarte desde el amor y la comprensión hacia ti mismo de la mano de Jesús y después de identificar tus heridas continúes por el proceso de sacar de tu corazón todas las emociones que contienen tus heridas, llorándolas con Jesús y así en su amor y por su gracia ir sanado todas tus heridas.

2- LA TRANSFORMACIÓN: Es la etapa que continúa después de que tus heridas empiezan a sanar, ya que simultáneamente experimentarás una transformación dentro de ti, ya que el sanar tus heridas se genera un efecto de cambio profundo y permanente, primeramente dentro de ti y luego poco a poco podrás empezar a cambiar y sanar diferentes áreas de tu vida, empezando a llevar una vida unida a DIOS y a su amor, cambiar y sanar diferentes áreas de tu vida.

3- LA PURIFICACIÓN: esta es la última etapa del proceso del método Sanando mi Corazón, esta etapa es permanente y constante (de por vida), ya que es un trabajo de vida purificar nuestro corazón en todas sus áreas, llevando una vida en unión con DIOS a través de la Oración, Sacramentos, vida de gracia y vaciando nuestro corazón constantemente de todo lo que nos aleje de la gracia de DIOS para lograr ser testimonio de su amor, ya que la sanción de nuestro corazón + la vida de gracia nos llevan a vivir los frutos del espíritu Santo en nuestra alma viviendo la plenitud del Amor de DIOS.

Recordemos día a día que estamos llamados a ser santos y que nuestra meta es el cielo.

Este más que un libro es un Instrumento para Sanar tu Corazón, en cada final de capítulo tenemos la parte de los ejercicios para tu corazón, estos son preguntas que te ayudarán a trabajar diferentes áreas de tu proceso de sanación y algunos otros ejercicios, como escribir cartas.

Quiero explicarte algo muy importante de estas áreas de los ejercicios y en todas las partes del libro donde trabajes tus recuerdos, heridas y emociones, _estos ejercicios son para ti, para tus procesos interiores (los ejercicios como las cartas no son para enviar, son para tu proceso interior solamente)._

Así como muchos de los ejercicios los podrás escribir en un diario emocional, este te sugiero lo tengas en un lugar privado solo para usarlo para este proceso.

Este libro lleva una cronología del método, te sugiero tengas continuidad al leerlo y en los ejercicios durante la lectura del libro y el proceso.

Te sugiero también dedicarle un tiempo diario a la oración, asistir a la Santa Misa, al Sacramento de la confesión, visitar al Santísimo y tiempo para estar contigo mismo, ya que en este proceso es importante escuchar tu corazón teniendo momentos de silencio y reflexión continua.

Unidos en un solo corazón y en el amor de DIOS iniciemos este viaje juntos hacia tu corazón.

CAPÍTULO 1

SANAR ES UN REGALO PARA TU CORAZÓN

¿QUÉ ES SANAR EL CORAZÓN?

Es uno de los regalos más grandes que te puedes dar a ti mismo, es un proceso, un viaje continuo y amoroso al fondo de tu corazón, hacia tu propio conocimiento y recuperación.

Conocerte a ti mismo, identificar todas las áreas de tu corazón, identificar tus heridas, es un proceso que te llenará con el tiempo de plenitud, a más profundidad lleguemos de nosotros mismos, más plenitud tendremos en nuestra vida presente, en ese proceso y viaje, encontrarás tu historia, tus recuerdos los que te llenan de alegría tu corazón, pero también los que te duelen, tus sentimientos todo lo que tú eres, tu corazón es el centro más íntimo e importante de ti mismo, por eso conocerlo y sanarlo será una de las cosas más importantes que te puedas dar a ti mismo, a mayor libertad y pureza tengas en tu corazón, mayor será el espacio para la paz y el amor de DIOS, sanar el corazón tiene una profunda conexión con un encuentro profundo, con Jesús vivo que te ama.

LA DECISIÓN DE SANAR.

Quiero compartirte que la curación profunda de tu corazón, llevará un tiempo, es un proceso, incluso yo lo podría comparar con la metamorfosis de una mariposa, pasarás por diferentes etapas, algunas serán fáciles y otras más complicadas.

Y es ahí en el punto donde te duela donde es sumamente importante que no te abandones, que no desistas de tu proceso.

Te puedo asegurar que todo pasará, y que al cruzarlo será como un nuevo renacer, en ese momento dirás "Valió la pena", valió la pena luchar por sentirme bien interiormente, valió la pena el proceso de recuperación, poco a poco te irás sintiendo libre del dolor, miedo, culpa, vergüenza, angustia, desesperación o cualquier emoción que necesites sanar, esto es una decisión que nadie más puede hacer por ti, este es un camino que nadie puede caminar por ti, pero te aseguro que la paz y la libertad, que poco a poco irás experimentando será permanente, surgirá dentro de ti una alegría y una fuerza que te llevará a amarte profundamente a ti y a realizar el sueño que DIOS tiene de ti, después esa alegría, esa paz, y esa salud emocional la podrás compartir con los que más amas, convirtiéndote en un testigo del amor y alegría de DIOS, recuerda siempre, "En DIOS nada es imposible de sanar", quiero que esta frase la guardes en tu corazón y durante el proceso te la repitas constantemente, así que juntos unidos en el corazón empecemos este viaje.

SANANDO MI CORAZÓN

ROMPECABEZAS DE MI HISTORIA

Recuerdos

Emociones

Heridas

¿CUÁL ES TU HISTORIA?

Tu proceso de recuperación interior comienza con identificar y armar el rompecabezas de tu historia, te doy un ejemplo: es como cuando compras un rompecabezas, llegas a tu casa y lo abres, al principio cuando vas sacando todas las piezas las podemos ver completamente revueltas, están al derecho o al revés, el primer paso es empezar a ponerlas en orden y acomodarlas, identificarlas y seleccionar los colores para empezarle a dar forma al rompecabezas, es parecido el proceso de recuperación, es conocer completamente nuestra historia, desde el vientre de nuestra madre hasta hoy, con esto, te quiero explicar que parte indispensable de nuestra recuperación y sanación interior, será acomodar e identificar toda nuestra historia, en un proceso de menor a mayor profundidad, quiere decir acomodar nuestros recuerdos, y poco a poco ir profundizando en las emociones de esos recuerdos, en el proceso de asociar, sentir, liberar las áreas donde nuestro corazón se lastimó, por eso este proceso se asemeja a la experiencia de armar un rompecabezas, a mayor conocimiento de nuestra historia y entre más conscientes estemos de nuestras vivencias, logrando integrarlas para liberarlas, dará como resultado, mayor plenitud, estabilidad emocional, autodominio, y un amor profundo por todo lo que eres tú, es así donde este proceso de conocer tu vida emocional y tu historia, es el camino necesario para tu sanación y recuperación.

SANANDO MI CORAZÓN

TU CORAZÓN ES COMO UN JARDIN

- Union con DIOS
- Sacramentos
- Cuidado emocional
- Virtudes
- Sanación constante

MI CORAZÓN.
Este es un método que te ayudará y te enseñará a llegar al fondo de tu corazón, la palabra corazón indica lo más íntimo del hombre, es donde está el núcleo de tu ser, es donde está tu historia, tus recuerdos, tus sentimientos, voluntad e impulsos, te quisiera compartir que es indispensable para que encuentres la plenitud en tu interior, que le des un espacio en tu vida al cuidado de tu corazón "ejercitar tu corazón" es trabajar en el, nutrirlo, fortalecerlo, sanarlo y llevarlo a un profundo encuentro con DIOS mismo, ya que Él habita dentro de ti, esto que te comparto te lo quiero explicar con este ejemplo; piensa que tu corazón es como un jardín, a ese jardín lo tienes que regar, poner fertilizante, podar, embellecer, arrancar la maleza, en conclusión, un constante cuidado, y el resultado es un hermoso jardín donde disfrutas estar, comparemos si ese mismo jardín no lo riegas, no lo podas, no le arrancas la mala yerba, ¿Cómo estaría ese jardín? Descuidado, seco, desolado, sin vida, así es la importancia de trabajar y de dedicarle tiempo diario a nuestro corazón, este tiempo de trabajo interior es uno de los mejores tiempos que podrás invertir, poco a poco al empezar a hacerlo y dedicarle tiempo a estar contigo mismo, a interiorizar, a escucharte, a conocerte profundamente, empezarás a ver los frutos, primeramente dentro de ti y después en diferentes áreas de tu vida, como fruto y resultado de este trabajo te llevará poco a poco a tener un corazón sano, puro, libre y lleno de paz.

LA IMPORTANCIA DE TU SANACIÓN INTERIOR EN TU VIDA ESPIRITUAL.

Entre más sano, libre, y limpio esté tu corazón, más lo posee el espíritu santo y entre más lo posee más contiene los frutos del espíritu santo y más te conviertes en un corazón que ama a través del amor de DIOS, este proceso de sanación es un proceso de vaciar nuestro corazón de todo lo que ocupa dentro, es el proceso de conquistar nuestro corazón para entregárselo a DIOS, entregarle todo lo que somos, todo lo que hemos vivido, todas nuestras emociones, todo nuestro corazón, entre más nos vaciamos de nosotros mismos, Él más nos llena de su amor, entre más llenos estamos de su amor más inmensamente felices somos.

EJERCICIO PARA TU CORAZÓN

"En DIOS nada es imposible de sanar"
-Gaby Jacoba

CARTA DE ALIANZA Y AMOR INCONDICIONAL AL CORAZÓN DE MI NIÑO INTERIOR.

Yo _____

Hoy en este día quiero hacer esta alianza de amor incondicional contigo mi niño interior, hoy quiero comprometerme contigo a hacer todo lo que sea necesario para rescatarte, para escuchar todo lo que tienes en tu corazón, escuchar tu dolor, tu tristeza, tu miedo, tal vez tu soledad, tus carencias de amor, de atención, la falta de cuidado emocional o físico, hoy ya soy un adulto quiero emprender este viaje de la mano de DIOS para rescatarte, para sanar las heridas de tu corazón, y que poco a poco vayan sanando, quiero comprometerme a poner un lugar muy importante en mi vida a este proceso, porque hoy sé que hasta que no te rescate, te escuche, te abrase, te acompañe y te ayude a sanar y a entender tu historia, nunca podré ser una persona plena para amar, quiero comprometerme contigo mi niño interior a trabajar incansablemente y continuamente, hasta llevarte a un estado de tranquilidad, de alegría, de paz y darte todo el amor y cuidado que necesitas.

Firma _____

JESÚS médico de mi ALMA

CAPÍTULO 2
JESÚS TE CONOCE Y **TE AMA**

JESÚS MÉDICO DE MI ALMA.

Este método de sanación interior que te comparto es totalmente cristocéntrico, este proceso lo vivirás tú y Jesús, Él es el médico de tu alma, en el encontrarás todo lo que necesitas para sanar, es renacer en su amor encontrándolo en lo más profundo de tu ser y de ese encuentro surgirá la fuente de toda tu sanación, este proceso es parecido como cuando tienes una herida en alguna parte de tu cuerpo y asistes al doctor especialista con toda la confianza de que Él te ayudará a sanar, que te limpiará la herida y hará lo necesario para que sane, te dará el tratamiento adecuado dependiendo el tipo, profundidad y gravedad de la herida, el te indicará un tratamiento, a lo mejor algún antibiótico o curaciones durante determinado tiempo, aun que el proceso sea doloroso tienes la confianza de que sanarás, es así que quiero pedirte que le abras completamente tu corazón a Jesús, que le muestres todas sus heridas, sin reserva, ese es el punto donde sentirás que empieza una nueva vida dentro de ti, el te ha esperado toda la eternidad con su amor infinito, a esperado que le entregues tu corazón para sanarlo, liberarlo, llenarlo de su amor y fundirse en su corazón.

JESÚS ESTÁ VIVO Y TE CONOCE TOTALMENTE.

Jesús habita dentro de tu corazón, en lo más íntimo de tu ser, te ama profundamente y ha estado contigo siempre, conoce todo tu ser, Él te formó en el vientre de tu madre, ha estado contigo cada momento de tu vida, cada latir de tu corazón, conoce toda tu historia, la ha vivido contigo, conoce tus sentimientos, todos los movimientos de tu alma, todos tus pensamientos, deseos, y anhelos, Él ha estado contigo en cada momento de tu vida, conoce todas tus heridas, conoce todos los momentos hermosos que has vivido, y dolorosos también, no existe nadie, ni tú mismo, ni ciencia alguna que te puedan conocer más que Él, está en lo más profundo de todo tu ser, este proceso de sanar tu corazón es también un hermoso encuentro donde te harás uno con Jesús dentro de ti conscientemente, Él te espera y quiere darte su vida y una nueva vida.

JESÚS TE AMA TOTALMENTE.
Este encuentro con Jesús, con su amor es como el agua que penetra lo más profundo de tus raíces las revitaliza, las llena de vida, el amor de Jesús será tu más grande medicina, Él te ama como fuiste completamente, cómo fuiste de niño, con todas tus experiencias, Él las conoce, Él estuvo contigo, te ama con todo lo que hayas vivido en tu adolescencia, si te alejaste de Él, si cometiste actos que te lastimaron a ti y a los demás, Él te ama aun aunque hayas caminado por caminos oscuros, perdidos, aunque te hayas extraviado, Él te ama como fuiste, Él quiere que le entregues todo sin reserva, Él te ama como tú eres hoy, a lo mejor estás hundido en la depresión, en hábitos destructivos, en adicciones, o hay cosas de ti que quisieras cambiar, Él te ama así, y lo único que Él quiere es que regreses a su amor, Él te ama como serás, Él tiene un sueño para ti, Él quiere que seas feliz, que seas libre, que tengas un corazón sano, que desarrolles todos tus dones y talentos, que seas un instrumento de su amor y que vivas plenamente.

DÉJATE AMAR POR JESÚS, ¡ERES AMADO!

Muchas veces podemos tener nuestro corazón tan herido, confundido, aturdido, lleno de dolor, miedo, tal vez de culpa o de vergüenza, que nos puede costar mucho aceptar el inmenso amor de DIOS hacia ti, tal vez tendrás que trabajar en como te ves a ti mismo, trabajar la afectividad, tus vínculos pilares que son tus pilares materno y paterno para poder dejarte amar por Jesús, está bien, estamos en el proceso para lograr esa plenitud del amor, pero quiero pedirte que guardes esta frase en tu corazón.

Eres inmensamente amado por DIOS, su amor por ti es único, y entre más profundicemos en las heridas de tu corazón, mayor será tu capacidad afectiva para que día a día te dejes amar por DIOS, vivir en su amor, eres su hijo amado, tu más grande felicidad en esta tierra, será dejar que tu corazón se llene del inmenso amor que Jesús siente por ti.

JESÚS CONOCE TUS HERIDAS Y SABE CADA UNA DE ELLAS.

Cuando empezamos este proceso de sanación nos da mucha paz saber que Jesús conoce todas nuestras heridas, Él sabe dónde se hirió tu corazón, sabe perfectamente cómo fue la circunstancia y quien fue quien te hirió, sabe el momento exacto de cada experiencia, sabe perfectamente que profundidad tiene tu herida, y qué áreas de tu persona se lastimaron, a lo mejor viviste abandono de alguno de tus padres y sabe perfectamente las emociones y cómo reaccionó todo tu ser, a lo mejor viviste maltrato o golpes, Él sabe cada momento que pasaste, todas las heridas que esto te causó en tu mente, en tu corazón, en tu cuerpo, a lo mejor fuiste víctima de abuso sexual, de rechazo, Él sabe cada una de las emociones y áreas de ti que se fracturaron, Él sabe el dolor que has cargado, Él sabe lo que te ha costado sobrevivir desde niño con heridas en tu corazón, Él sabe todo lo que has hecho para aliviar ese dolor, Él sabe cuanto te pesa el dolor que cargas, a lo mejor te has hundido en adicciones, en depresión, o incluso has desarrollado patrones de conducta que te hacen daño a ti y a tu familia, Él sabe todo lo que pasa dentro de tu corazón, Él sabe en qué parte estás roto, fracturado o lastimado y que esas heridas hoy no te permiten ser un adulto sano y pleno, lo que más anhela Jesús es rescatarte y sanarte, no existe una herida que Jesús no pueda sanar.

JESÚS ES TU GUÍA Y TU FUERZA.

En este proceso de entrar a tu corazón e ir armando los recuerdos de tu historia, ir adentrando a identificar tus heridas, ir asociando y sintiendo las emociones que a lo mejor ahí llevan años de estar encapsuladas, Jesús será tu guía, será tu luz, este será un proceso de encuentro profundo con Jesús, Él, día a día estará a tu lado, te dará la inteligencia espiritual, el discernimiento, te inspirará constantemente e ira poniendo todo lo que necesitas dentro y fuera de ti para sanarte, Él será tu fuerza y te fortalecerá, un día a la vez, la gracia de DIOS actúa en el tiempo presente así que cada día Jesús estará dándote todo lo que necesitas para sanar tu corazón y ser libre para amar y ser amado, DIOS a través de la Oración y los Sacramentos te dará toda la fuerza que necesitas para Sanar.

JESÚS NECESITA TU ACCIÓN.

Este es un punto básico en la curación, quiero compartirte que en tu curación interior la acción en todos los momentos de tu proceso, la continuidad, el espacio para hacer los ejercicios de tu corazón, el tiempo que le des a la intimidad de tu alma con Jesús, el ir cambiando patrones de conducta, el darte el espacio para ir sanado cada una de las emociones que contengan tus heridas, desarrollar y practicar el auto-cuidado, trabajar en los cambios de hábitos y crecer en virtudes, cuidar tu vida de gracia, dedicarle tiempo a tu relación con tu corazón de niño, entablar un diálogo, escucharlo y poner acción para transformar tu vida interior y exterior, la sanación interior requiere de un 100% de compromiso, entrega, constancia, valor, lealtad a ti mismo, trabajar día a día para recuperarte y rescatarte, día a día decirle sí a DIOS, si a la obra que Él quiere hacer en tu alma.

COLABORAR CON LA GRACIA.

De una manera muy práctica incluso matemática, te compartiré la importancia de esto, te explicaré esta gráfica matemáticamente para que tú te sanes totalmente se necesita un 100%, el 99% de ese 100% lo hará DIOS con su poder y gracia dándote todo lo necesario para tu proceso de sanación y el 1% que faltaría para llegar al 100% lo haces tú, pero ese 1% que DIOS necesita de tu colaboración con su gracia para sanarte es el 100% de tu acción, esfuerzo, constancia, compromiso, dedicación y amor.

Para sanar se necesita estar dispuesto a hacer todo lo necesario que esté en tus manos para rescatarte.

SANANDO MI CORAZÓN

COLABORAR CON LA GRACIA

JESÚS necesita tú **ACCIÓN**

tú ➡ **SI**

el **99%** lo hace DIOS
el **1%** lo haces tú

el **1%** que DIOS necesita de tí
sería el **100%** de tu entrega

EJERCICIO PARA TU CORAZÓN

"En DIOS nada es imposible de sanar"
-Gaby Jacoba

Crea un espacio en tu casa que se llamará:

"EL RINCÓN DE SANACIÓN DE MI CORAZÓN CON JESÚS".
(Un Altar para Sanar tu Corazón)

En esta actividad la tarea será que encuentres un espacio privado, armonioso, íntimo, donde puedas tener un encuentro cotidiano con Jesús en la intimidad, será tu lugar de crecimiento y sanación donde trabajaras día a día las áreas más profundas de tu corazón en la presencia de Jesús, tiene que ser un lugar privado donde te sientas cómodo, donde puedas escribir lo que sientes y tener a diario un espacio para hablar con Jesús desde tu corazón, te sugiero que pongas una imagen del Sagrado Corazón de Jesús, incluso que puedas poner una silla en frente de Él en donde te puedas sentar cómodamente, la idea es que sea un lugar intimo con Jesús para que le abras tu corazón, para que ores y le puedas expresar hasta lo más profundo que tiene tu corazón, platicar tus heridas, los recuerdos que te duelen, lo que te preocupa hoy, tus miedos, tus sueños, completamente todo lo que haya dentro de ti, tiene que ser un lugar donde te sientas tranquilo y con la libertad de expresar lo que sientes, de hablar, llorar y de expresar todas tus emociones, un lugar donde tú puedas estar a solas con Jesús, como tu mejor amigo, tu médico, tu guía y donde Jesús irá trabajando en tu corazón, la tarea será que encuentres ese lugar dentro de tu casa para que puedas realizar todos los procesos interiores, será tu lugar seguro, un refugio para tu corazón herido, en donde podrás vaciar todo tu dolor y entregárselo a Jesús, le llamaremos **El RINCÓN DE SANACIÓN DE MI CORAZÓN CON JESÚS.**

CAPÍTULO 3
FUIMOS CREADOS PARA **AMAR** Y SER **AMADOS**

EL ORIGEN DEL AMOR.
El amor es lo que mueve el corazón humano, incluso muchas heridas que podremos tener en nuestra infancia y vida adulta tienen origen en la carencia de amor, en la necesidad de ser amados sanamente y que tal vez no fueron cubiertas esas necesidades en nuestra infancia donde lo más importante de nuestro corazón de niño era sentirnos y sabernos amados, también de adultos es la misma necesidad, sentirnos amados, valorados y aceptados, en la infancia se forma el núcleo de la afectividad, en una familia funcional eso se desarrolla sanamente, la madre y el padre son los encargados de formar estos vínculos sanos y de desarrollar una afectividad sana, donde el niño se sienta amado, valorado protegido y cuidado incondicionalmente, de la misma manera con el padre y la madre, eso genera en un niño una salud afectiva, emocional y psicológica, pero cuando un niño crece en una familia disfuncional donde haya ausencia y abandono, donde el amor está condicionado de diferentes maneras, donde incluso existe violencia, golpes, gritos, diferentes tipos de abuso o se le fuerza a realizar labores donde no son propias de su edad o madurez psicológica, donde la imagen y vínculo materno se lastíma de alguna manera al igual que con el padre se genera un caos en la afectividad del niño, quedarán como consecuencias problemas emocionales,

psicológicos, de conducta y de aprendizaje, por eso es sumamente importante en el proceso de tu recuperación identificar tu afectividad de niño porque incluso estará conectada completamente a tu afectividad siendo adulto, así como fuiste amado en la infancia en una probabilidad muy alta repetirás esos mismos patrones en tu afectividad de adulto, principalmente con tu pareja y en efecto repetitivo en tus hijos, sanar tu afectividad e identificar cómo viviste esta área en tu infancia será la base para sanar tanto como tus heridas en el área afectiva en la infancia y poder transformar tu afectividad hoy como adulto, ¿Cómo sanar mi afectividad? La respuesta es muy extensa y en diferentes áreas de este libro trabajaremos detalladamente en ellas, pero hoy como adulto el primer paso es que identifiques que el origen del amor es DIOS, Él será tu fuente en donde saciaras todas las necesidades y carencias de amor que pudiste tener de niño o en tu infancia, muchas veces vivimos como adultos sedientos buscando amor en miles de cosas y lugares, tanto material o en nuestras relaciones para sentirnos amados o aceptados, pero cuando entendemos que nuestro corazón tiene sed de DIOS y que Él es la fuente del amor que sacia esa sed de nuestras almas, en ese encuentro y en ese entendimiento con el amor de DIOS podemos empezar a sanar y a poner en orden nuestra afectividad, el amor que de niños no nos dieron o nos faltó o no lo recibimos en la forma como lo necesitábamos o las heridas que tengas en esa área de tu afectividad las trabajaremos, pero después de sanar esas carencias tendremos que llenar completamente el corazón de nuestro niño interior con el amor incondicional, infinito y único que DIOS tiene por cada uno de nosotros, vivir en su amor y saberte amado incondicionalmente por Él será la plenitud de tu corazón en esta vida, el origen del amor es DIOS, porque DIOS es amor y el corazón de Jesús arde de amor por ti.

GABY JACOBA

MANDAMIENTO DEL AMOR

AMARÁS a **DIOS** y a **TÚ PRÓJIMO** como a **TÍ MISMO**

EL MANDAMIENTO DEL AMOR.

Jesús les dijo "Amarás al señor tu DIOS con todo tu corazón con toda tu alma y con toda tu mente, y amaras a tu prójimo como a ti mismo", en este mandamiento del amor, Jesús nos enseña para lo que fuimos creados, para amar y ser amados, esa es la plenitud del ser humano, es la plenitud de tu corazón, de tu alma, mente y cuerpo, en este mandamiento se centra todas las enseñanzas de Jesús, porque el amor es el motor del hombre, porque el amor es la respuesta a todo, porque cada vez que amamos estamos viviendo en DIOS y nuestra recuperación y plenitud será regresar al amor, primeramente por DIOS, por nosotros mismos y por los demás, pero entendiendo que no podemos amar porque nosotros no creamos el amor, el amor nos lo da DIOS para darlo, y solo regresando a ese ciclo a pesar de lo que haya sido nuestra historia, nuestras vivencias y experiencias y nuestro corazón este muy lastimado que hasta lo hemos endurecido para dejar de amar, el fin de este método y el fin de tu proceso será regresar a la plenitud de estos amores del amor por DIOS, el amor por ti mismo y el amor por los demás, entre más amemos con el amor y con la fuente del amor que es DIOS, más seremos felices interiormente, hasta llegar a vivir el cielo en la tierra dentro de nuestro corazón.

AMARÁS A DIOS.

Amarás a DIOS con todo tu corazón, con toda tu alma y con toda tu mente, este es el primero y más importante amor de tu corazón y de tu alma, amar a DIOS con todo tu corazón con todo lo que eres, con todo lo que viviste, con todos tus sueños y anhelos, en este encuentro de tu alma con el amor de DIOS está el centro de tu curación, está el encontrar la fuente de la vida, de la alegría, del amor dentro de ti, amar a DIOS será lo más importante que hagas en tu vida, porque de Él viene todo en la vida, Él es la vida, Él es el amor y tu corazón fue creado por Él, y tu corazón nunca encontrará reposo y sentido de vida y paz hasta que regrese totalmente a Él, recuerda que todo surge dentro de nuestro corazón, de nuestra afectividad, de ahí se va a nuestra psicología y a nuestro cuerpo, somos una trinidad, corazón, mente y cuerpo, pero todos los procesos inician en nuestro corazón, si nuestro corazón no está conectado totalmente al amor de DIOS, todos los otros amores en nuestra vida estarán desordenados en todas nuestras áreas, nuestra salud mental y física estarán desordenadas, porque somos como una rama de un árbol, si esa rama del árbol la cortas, poco a poco se secará y se morirá, al igual nuestro corazón al estar desconectado del amor de DIOS que es nuestra vida nos vamos secando, todas las áreas de nuestra vida interior y exterior se van secando, desordenando, llenándose de sufrimiento y caos, por lo que perdemos todo para lo que fuimos creados, al estar lejos de DIOS o tenerlo en un lugar secundario en nuestra vida perdemos el sentido de vivir, perdemos nuestra vida, amar a DIOS con toda tu mente, es amarlo con todos tus sentidos, pensamientos y anhelos, es vivir con tu mirada interior puesta en Él, al corregirse y conectar nuestro corazón a Jesús también nuestra mente encuentra la salud, la plenitud y el equilibrio, a mayor amor de nuestro corazón hacia DIOS mayor salud emocional y psicológica, amarlo será el mayor gozo de tu vida.

AMARTE A TI MISMO.

Autoestima significa amarte a ti mismo, primeramente, vamos a entender cómo se forma la autoestima, en la infancia se forma la raíz de nuestro corazón, desde que nacemos hasta los 12 años se desarrollan nuestras raíces afectivas en los dos principales vínculos afectivos que es el vínculo materno y paterno y acontinuación te los explico:

1) VÍNCULO MATERNO Y PATERNO SANO.

En una familia sana el niño se sentirá amado, cuidado, respetado y valorado. Se le desarrolla una autoestima sana, el niño se siente amado, su manera de verse a sí mismo y de aprenderse a amar y a valorarse, desarrolla esa afectividad a si mismo idénticamente de la manera como se le transmitió el amor de sus dos principales vínculos, una autoestima sana en la etapa adulta está totalmente desarrollada con que de niño fuiste amado, cuidado, protegido y valorado, de la misma manera por tu mamá que por tu papá, normalmente es porque cuando vivimos un escenario así, es porque tanto tu mamá y tu papá eran personas sanas emocionalmente y afectivamente.

2) UNO DE LOS VÍNCULOS MATERNO O PATERNO SANOS Y EL VÍNCULO MATERNO O PATERNO HERIDO.

Tenemos también el escenario donde tal vez, la afectividad con tu vínculo materno fue fuerte y sano, te sentiste amado y valorado, pero con tu vínculo paterno tal vez no fue así, tal vez hubo rechazo, abandono, maltrato y ese vínculo afectivo estuvo herido dentro de ti, ahí es un ejemplo de que uno de los vínculos era positivo que te fortalece y te desarrolló una afectividad sana, pero el otro vínculo paterno te hirió, te debilitó, te rechazó y te abandonó, en este caso tu afectividad y la manera de verte a ti mismo y a amarte estará 50% lastimada y dolida, de la misma manera en este escenario puede ser al revés donde tu vínculo materno pudo ser herido, o que hayas vivido maltrato físico o emocional, o te ha comparado con otro hermano y te ha hecho sentir que no merecías su amor, en este caso, que el vínculo paterno fuera sano donde te sintieras amado, protegido, valorado y respetado, el vínculo afectivo paterno sería sano, en estos dos escenarios donde ya sea el vínculo materno o el paterno estén lastimados y uno de tus padres te haya herido, maltratado, agredido emocionalmente, físicamente e incluso hasta sexualmente será sumamente importante que te enfoques en trabajar esas heridas y afectividad, este será el primer paso para restaurar tu autoestima, en este caso donde solo un vínculo esta lastimado, es como decir que la mitad de tu autoestima, de tu amor a ti mismo lo tienes integrado pero tendrás áreas en tu autoestima en la manera de verte y valorarte lastimadas por algunos de los vínculos maternos o paternos, más adelante trabajaremos en eso.

3) VÍNCULOS MATERNO Y PATERNO HERIDOS.

Ahora otro escenario, este es el escenario de los niños que fueron lastimados por los dos vínculos y hoy como adultos por lo general los síntomas de tener estos dos vínculos afectivos son extremadamente severos, como adicciones en exceso destructivas, mentalidades suicidas, depresiones crónicas severas, relaciones enfermizas y violentas incluso daños al nivel psiquiátrico, un niño que en su infancia vivió y creció con los dos vínculos como el materno y el paterno lastimados y que fue sometido a maltrato emocional, físico de golpes, abuso sexual y en casos severos violación, donde vivió abandono, desprotección, negligencia, rechazo y un ambiente en general de violencia psicológica, emocional y física de parte de la madre y del padre en conclusión donde no fue amado, ni cuidado, ni valorado, ni se le cubrieron sus necesidades y derechos básicos de un niño, donde se le sometió a estar en ambientes promiscuos, peligrosos e inadecuados, a un niño los daños en la afectividad en la autoestima, psicológicos, emocionales y físicos son muy severos, en este caso se necesita trabajar mucho en estas heridas tan profundas, la base afectiva de un ser humano se forma, se desarrolla en la infancia en relación con la afectividad materna y paterna, a grandes rasgos en estos tres escenarios podemos identificar donde se forma el autoestima y aquí tu podrás empezar a identificar esas raíces de tu afectividad, obviamente también y dependiendo de cada historia habrá otros vínculos importantes afectivos en nuestra infancia, pero las dos columnas importantes psicoemocionales de un niño son la relación con mamá y papá (el vínculo materno y paterno), sanar las heridas de estos dos principales vínculos serán la base de tu curación interior o sea la raíz, tu estructura afectiva, nuestros padres eran los que representaban el amor para nosotros, a partir de este punto ahora tú como adulto te preguntaras "¿Y qué hago si tengo estos vínculos afectivos muy lastimados?" La respuesta es ahora, tú como adulto, regresar y entregar tu corazón a Jesús y conectarte a la fuente de su amor, de Él proviene el amor, Él es el amor, y hoy como adulto primeramente podrás empezar a sanar al saberte y sentirte inmensamente amado por DIOS, y la segunda etapa para sanar tu autoestima será trabajar, identificar y procesar las heridas afectivas con tu mamá y tu papá, y empezará un proceso dentro de ti de reestructurar la manera de verte a ti mismo, de amarte a ti mismo, simultáneamente Jesús ira llenando esos vacíos de amor de tu corazón, en este proceso rescatarás y aprenderás a amarte a ti mismo como DIOS te ama, y con su amor te amaras a ti mismo.

AMAR A TU PRÓJIMO, (ESPOSA/O, HIJOS, FAMILIA, AMIGOS, COMPAÑEROS DE TRABAJO, HERMANOS EN CRISTO, VECINOS ETC.)

Cuando tienes sana tu afectividad amaras a los demás con el amor de DIOS, incluso veras a DIOS dentro de cada uno, aquí es importante recordar el origen del amor, entender que el amor es DIOS, entender que para nosotros poder amar de una manera sana, tenemos primeramente que regresar a conectarnos a la fuente del amor, que es DIOS, el amor que podemos sentir y dar viene de DIOS y entre más conectados estemos a Él primeramente nuestra capacidad de amar a los demás será equivalente a nuestra conexión con el amor de DIOS, y en segundo lugar para poder amar a nuestro prójimo de una manera sana y plena tenemos que sanar en primer lugar nuestra relación con nosotros mismos y nuestros vínculos materno y paterno, porque normalmente como fue nuestra afectividad en la infancia materno y paterno por lo general se repetirán esos patrones en las relaciones en la etapa adulta y sobre todo en nuestros vínculos adultos más importantes como nuestra pareja, hijos, o vínculos afectivos cercanos, pero no podremos sanar nuestras relaciones afectivas como adultos ni tu capacidad de amar sanamente y también de saber que mereces ser amado y valorado, si no sanas, primeramente la percepción que tienes de ti mismo que aprendiste en tus vínculos de raíces materno y paterno, fuimos creados para amar y ser amados, es nuestro más grande sentido de vida y motor, por eso es importantísimo identificar y sanar nuestra afectividad interior y las raíces de esa afectividad, sanar es alinear y entender que el amor de DIOS debe ser el centro de nuestra vida para poder restablecer los otros dos amores, el amor a ti mismo y el amor a tu prójimo, el sufrimiento más grande del ser humano es no ser amado y no sentirse amado, el amor es la fuerza más grande que tenemos, hay que poner el cuidado de nuestro corazón, sentimientos, emociones, como lo más importante de nuestra vida, porque de nuestro corazón surge todo lo que somos, DIOS nos diseñó para vivir en ese equilibrio interior, por eso Jesús fue el único mandamiento que nos dejó y nos explicó el origen, la secuencia y el equilibrio del amor, no podremos amar si no regresamos a Él, ni a nosotros mismos ni a los demás, Él es el amor y su amor es la plenitud y el más grande gozo de nuestro corazón, cuando comprendemos que cuando amamos a los demás estamos amando a DIOS que habita en ellos, este amor es como un ciclo entre más amamos más unidos estamos a DIOS, si cada acto en nuestro día a día, está hecho para amar a DIOS, para amarte a ti mismo y amar a los demás, más unido tu corazón estará de DIOS.

EJERCICIO PARA TU CORAZÓN

"En DIOS nada es imposible de sanar"
                    -Gaby Jacoba

Identificando mi afectividad en la infancia.
- Escribe cómo fue la relación con tu Mamá en el área afectiva de tu infancia.

- Escribe cómo fue la relación con tu Papá en el área afectiva de tu infancia.

*Recuerda llevarle a Jesús
en la oración del corazón lo que escribes.
Y vas identificando de tu historia recuerdos
y emociones, hablando con Él ábrele tu Corazón.*

CAPÍTULO 4
REGRESAR A MI CORAZÓN DE NIÑO

¿QUÉ ES TU NIÑO INTERIOR?

Son todas las etapas, vivencias, emociones que viviste de niño y que se quedaron guardados dentro de tu corazón, son todas las experiencias que tenemos cuando somos niños, felices, dolorosas, o traumáticas que forman la raíz de nuestro desarrollo interior y estructuran toda la codificación de nuestra persona, todas estas vivencias se quedan grabadas dentro de nosotros, son los recuerdos y se quedan grabados a nivel emocional, físico y mental.

RECUERDOS FELICES, "TE SENTISTE AMADO".

Los recuerdos y experiencias donde nos sentimos amados, felices, tranquilos, cuidados, protegidos y valorados habitan dentro de nuestro corazón y por lo general estos recuerdos nos son muy fáciles de recordar, de añorar y son los que tenemos más conectados a nuestro consciente, estos recuerdos nos llenan de vida, amor y agradecimiento, estos recuerdos desarrollaron conexiones interiores sanas y positivas, son nuestras fortalezas profundas, principalmente en nosotros están grabados todos los momentos de nuestra infancia, en los que nos sentimos profundamente amados y atendidos por nuestros dos principales vínculos afectivos que son el materno y el paterno, (Mamá y Papá) y los complementan los vínculos de nuestros familiares cercanos, amigos, maestros, y todas nuestras vivencias en nuestro entorno, todas nuestras experiencias felices en nuestra infancia.

RECUERDOS DOLOROSOS, "NO TE SENTISTE AMADO".

Los recuerdos dolorosos son los que más nos cuestan recordar, incluso a veces hasta los olvidamos o negamos, son todas las vivencias que te causan dolor, son todas las experiencias que le causan dolor a tu corazón de niño, donde no te sentiste amado, hay recuerdos que pueden ser sumamente traumáticos (emocional o físicamente) en el que tal vez viviste:

Violencia   *Traición*
Ofensas   *Injusticia*
Maltrato   *Acoso*
Abandono   *Explotación*
Rechazo   *Negligencia*
Humillación   *Violación*
                 Abuso sexual

Estos recuerdos nos marcan interiormente y se quedan almacenados dentro de nuestro corazón, nuestra mente y nuestro cuerpo, a mayor continuidad de repeticiones de estas vivencias traumáticas y a mayor vínculo afectivo de quien los causa, es la profundidad de las secuelas y daño emocional psicológico, afectivo y físico, lamentablemente la mayoría de estos recuerdos y situaciones se viven en el núcleo familiar, con nuestros vínculos afectivos más cercanos, cuando has sobrevivido a un ambiente familiar disfuncional en la que viviste situaciones traumáticas en tu infancia y que no pudiste procesarlas hablarlas, validarlas y sanarlas, quedaron sepultadas dentro de ti, y aunque no te acuerdes o pienses que con el paso de los años eso se quedó en tu pasado todos esos eventos y recuerdos están guardados dentro de ti, cada vez que viviste un recuerdo traumático sentiste emociones como:

Dolor   *Vergüenza*
Miedo   *Impotencia*
Culpa   *Angustia*
Ira   *Desesperación*
Asco   *Soledad*

Todas estas emociones se quedan enterradas dentro de nosotros, de nuestro corazón, nuestra mente y de nuestro cuerpo, dañándonos, afectando nuestro desarrollo, lastimando nuestra autoestima, la manera de relacionarnos con nosotros mismos y con los demás (desarrollando mecanismos de supervivencia), generando depresión, ansiedad y codependencia, nuestro corazón lastimado buscará la manera de sobrevivir al dolor y a la desconexión afectiva, ya que no hay dolor más profundo que el ser dañado y lastimado por nuestros vínculos afectivos más cercanos materno, paterno o familiares cercanos, incluso de niños no tenemos la capacidad de procesar eso y lo disasociamos, nuestra madurez emocional y física nos impide entender y unificar el maltrato y la agresión con las personas que más nos tenían que amar, cuidar y proteger, este es el punto principal donde es más doloroso trabajar los recuerdos, pero hoy como adulto tu salud mental, emocional y física en los niveles más profundos dependerá de que rescates a ese niño que vive dentro de ti, para que puedas sanar tus heridas y encontrar tu libertad interior.

SANANDO MI CORAZÓN

NIÑO INTERIOR HERIDO

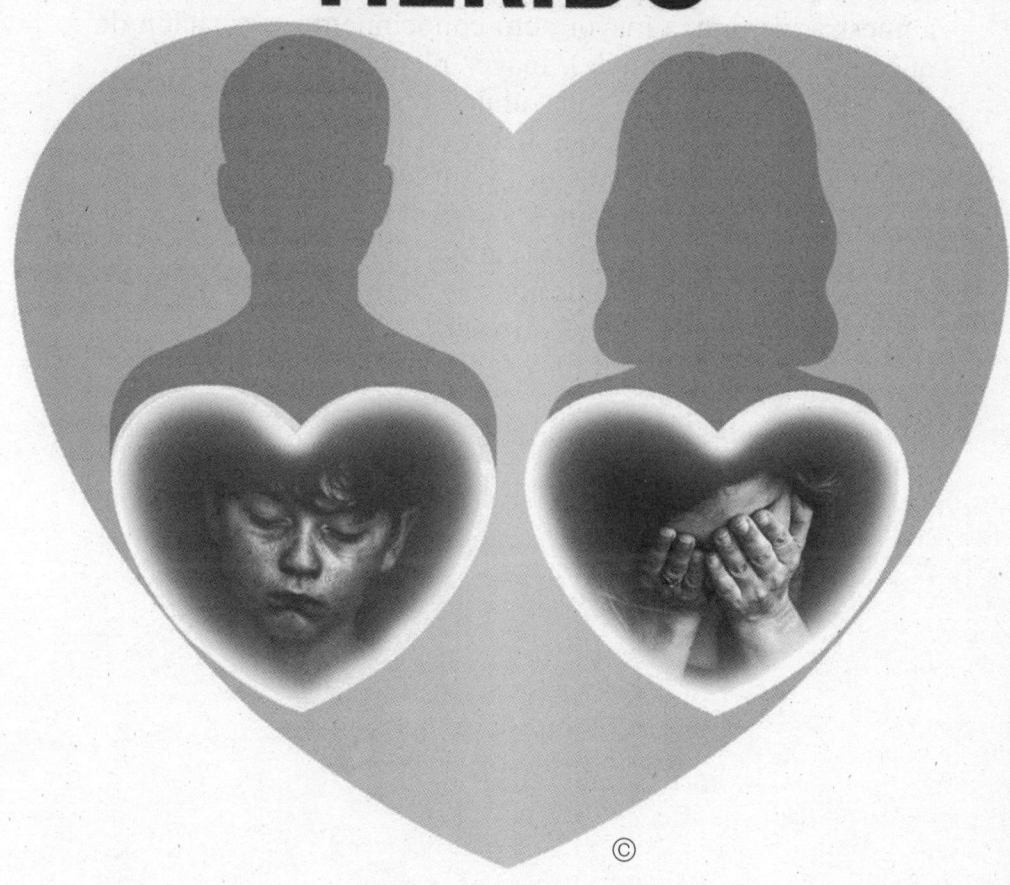

CONECTAR CON TU CORAZÓN DE NIÑO.
Volver y conectar con tu corazón de niño es regresar al origen de tu estructura interior, nadie más que tú mismo lo podrá hacer, tú te mereces rescatarte, comprenderte, amarte y entender y validar todo lo que viviste en tu infancia, eso es el auto-conocimiento, donde comprenderás el origen y la raíz de cómo eres tú en el momento presente, nuestra vida presente está ligada completamente (consciente o inconsciente) a nuestra historia, a mayor auto-conocimiento y sanación de nuestra historia (infancia), mayor plenitud emocional, afectiva y psicológica en tu vida adulta, rescatarte a ti mismo, es la tarea más importante que harás en tu vida, porque de ella dependerá tu salud psicológica y tu vida interior como adulto, entre más nos conocemos y sanamos más se sanan nuestras relaciones con los demás (pareja, hijos, padres, hermanos, amigos, etc.), Y mas unimos nuestro corazón a DIOS desde las raíces mas profundas de nuestro ser.

SÍNTOMAS DEL CORAZÓN HERIDO

ICEBERG DE SÍNTOMAS DEL CORAZÓN HERIDO

- Depresión
- Codependencia
- Desórdenes alimenticios
- Conductas autodestructivas
- Adicciones de conducta
- Adicciones
- Baja autoestima
- Relaciones enfermizas
- Neurosis

HERIDAS EN EL CORAZÓN DEL NIÑO INTERIOR

- Maltrato
- Humillación
- Injusticia
- Gritos
- Ofensas
- Abandono
- Traición
- Abuso sexual
- Rechazo
- Negligencia

SÍNTOMAS DEL CORAZÓN HERIDO DE TU NIÑO INTERIOR.

Las heridas que viviste en tu infancia hoy como adulto, te generan síntomas que muchas veces te incapacitan para tener salud emocional, mental y física, son síntomas que mientras no tengamos un proceso profundo de sanación y un compromiso con tu niño interior, será difícil arrancarlos desde la raíz

▎ *Depresión, ansiedad, angustia, neurosis, trastorno obsesivo-compulsivo y trastorno por estrés postraumático.*
Todas las emociones que sentimos en la infancia generadas por vivencias dolorosas y traumáticas, se quedan enterradas dentro de nosotros, éstas emociones (miedo, angustia, ira, dolor, culpa), para un niño son imposibles de procesar, resolver y sanar (a menos que el niño reciba tratamiento psicológico que seria lo mejor para que no afectara su desarrollo y pudiera tener un apoyo para sanar el trauma), pero muchas veces no se tiene esa atención y sanación en la infancia y todo el daño y las vivencias traumáticas quedan encapsuladas junto a toda la carga emocional, toda esa carga y daño emocional no resuelto, no expresado, no sanado, se va acumulando dentro de nosotros generando daños psicológicos y emocionales y los vamos arrastrando y sobreviviendo hasta llegar a adultos, estos síntomas de depresión, ansiedad, angustia, neurosis, trastorno obsesivo-compulsivo y trastorno por estrés postraumático, reflejan un cúmulo de heridas y emociones no expresadas, entre más identificamos, expresamos y comprendemos nuestras emociones los síntomas poco a poco irán disminuyendo.

▎ *Baja Autoestima.*
La base del autoestima se desarrolla en la infancia y está completamente ligada a la relación afectiva con tu mamá y papá (vínculo materno y paterno o las personas que cuidaron de ti en

tu infancia), la manera como te ves y te tratas a ti mismo, es la manera como fuiste tratado de niño por tus relaciones afectivas profundas de tu infancia que son los vínculos afectivos, la forma como fuiste amado, cuidado, protegido, respetado y valorado por tus vínculos materno y paterno, será el resultado de la raíz de tu autoestima, la falta de amor, cuidado y aceptación hacia ti mismo hoy como adulto es un reflejo de heridas en tu autoestima, a partir de este punto, el proceso es identificar, sanar y transformar conscientemente la manera de cómo te ves y te tratas a ti mismo, cada historia es como una huella digital, es única, el proceso de sanar nuestra autoestima principalmente está en sanar las áreas que están lastimadas o que fueron dañadas en nuestro desarrollo.

Relaciones enfermizas y codependencia.

Todas las heridas y traumas de nuestro niño interior, también se reflejan en nuestras relaciones actuales y la estructura principal de esto está totalmente relacionada con nuestra relación con Mamá y Papá y en la manera como ellos se relacionaban afectivamente como pareja, por lo general repetiremos los patrones afectivos en nuestra etapa adulta en tres aspectos.

1. En como fuimos vinculados afectivamente.
2. En como fuimos tratados y como se nos demostró el amor.
3. En las carencias afectivas.

Sobre estos tres puntos se repetirán nuestros patrones en nuestras relaciones, por lo general cuando tenemos relaciones enfermizas o codependendientes, son un síntoma de que en nuestra infancia no fuimos amados y valorados sanamente, nuestra raíz afectiva y donde aprendemos a relacionarnos con los demás se desarrolla en nuestro núcleo familiar, quiere decir en cómo era el ambiente emocional en nuestra familia y en nuestra casa en el diario vivir, también aprendemos la afectividad en ver la relación de nuestros padres, ya que ellos son nuestro modelo del amor de pareja y es muy probable que repitamos este patrón en nuestra vida de pareja ya como adultos, otras heridas que nos llevan a estar en una relación codependiente como adulto son las heridas donde fuimos condicionados afectivamente en el vínculo materno o paterno, en estos dos vínculos desarrollamos el esquema de la afectividad en la infancia y ese mismo esquema lo repetiremos de adultos, las carencias afectivas de nuestro niño interior de parte de nuestra mamá y de nuestro papá son heridas que nos marcan profundamente, desarrollando en nosotros una dificultad para saber que merecemos ser amados, valorados y respetados, y establecer relaciones afectivas donde no traslademos nuestra carencia de amor y atención.

Adicciones químicas.

Las heridas emocionales se parecen mucho a las heridas físicas, por lo general cuando tenemos una herida nos causa dolor y lo que buscamos urgentemente, es aliviar ese dolor con una anestesia, las adicciones en las heridas emocionales tienen el efecto de anestesiar el dolor emocional y psicológico, la mayoría de ese dolor lo traemos arrastrando desde la infancia, obviamente las adicciones son como una moneda de doble cara, por un lado, pueden aliviar el dolor momentáneamente y nos permiten sobrevivir, pero por otro lado nos destruyen, en este punto para podernos recuperar de una adicción es necesario trabajar arduamente en tres panoramas paralelos.

1. Abstinencia de la substancia.
2. Sanar tus heridas de la infancia.
3. Buscar ayuda psicológica o de un grupo de doce pasos.

Abstenerse de la substancia que anestesia tu dolor emocional, dará paso a un estado de sobriedad, para que después puedas trabajar con el dolor que tienes guardado y anestesiado en tu corazón, para salir de una adicción necesitarás la fuerza y el poder de DIOS, entregarle a Él tu adicción, tu dolor y necesitarás de DIOS totalmente para poder superar tu adicción, encontrando la fuerza en la Oración y los Sacramentos, teniendo un encuentro con su amor que será tu fuerza para rescatarte y recuperarte.

Adicciones de Conducta.

Las adicciones de conducta tienen el mismo fin, que es evadirnos de nosotros mismos, de nuestra realidad interior, evadir el dolor, la soledad, la angustia, evadir la depresión, el vacío, huir de nosotros mismos, son adicciones como comprar compulsivamente, ver pornografía, adicción al juego, adicción al Internet y redes sociales, adicción al trabajo, etc. En general toda actividad que sea compulsiva y que te alivie el dolor interior, recuperar a nuestro niño interior implica compromiso y hacer lo que tengamos que hacer para rescatarlo y recuperarlo, escuchar su dolor, su soledad, su tristeza, su enojo y poco a poco sustituir las actividades que nos desconectan de nosotros mismos, por actitudes y actividades que nos sanen y que nos ayuden a recuperarnos y sanar interiormente, tenemos que vernos a nosotros mismos con compasión y entender todo lo que hemos tenido que hacer para sobrevivir a las heridas interiores de nuestra infancia y abrazarnos con un amor incondicional, pero también tenemos que ir poco a poco cambiando las conductas que no nos permiten conectar con nuestro interior para sanar y que nos dañan y destruyen, eso es nuestro trabajo de recuperación, recuperarnos desde el amor pero también desde el compromiso, para pedirle a DIOS la fuerza para cambiar las conductas que nos están dañando.

Desórdenes Alimenticios.
Los desórdenes alimenticios se dividen principalmente en:

1. Anorexia.
2. Comer compulsivamente.
3. Bulimia.

Los desórdenes alimenticios están ligados completamente a crecer en una familia disfuncional.

Familias con un familiar alcohólico, ambiente violento con carencias afectivas, ambiente tóxico familiar, daños en la relación de mamá o papá y en algunos casos abuso sexual, incesto o violación entre otros.

Los desórdenes alimenticios reflejan también un conflicto en la relación con tu propio cuerpo derivado de alguna situación traumática en algunos casos, al igual que las adicciones para recuperarnos del sufrimiento que causan los desórdenes alimenticios, se necesita un proceso de recuperación psicoemocional, espiritual y físico, existen grupos de recuperación de 12 pasos, enfocados a la recuperación de los desórdenes alimenticios, también un proceso terapéutico puede ser de gran ayuda para ti, lo importante es sanar, y hacer lo que sea necesario para rescatarte, los desórdenes alimenticios pueden ser un mecanismo de supervivencia que tuviste que desarrollar para sobrevivir al dolor emocional, pero hoy te mereces estar libre de ese sufrimiento, porque las consecuencias psicológicas y físicas de los desórdenes alimenticios te llevan a la autodestrucción.

EJERCICIO PARA TU CORAZÓN

"En DIOS nada es imposible de sanar"
—Gaby Jacoba

1. Busca una foto tuya cuando eras niño la que más te guste entre los 5-10 años de edad.
2. Compra una libreta o cuaderno, este será tu diario emocional, y en la primera hoja pega la foto de cuando eras niño.
3. ¿Qué síntomas identificas en ti como consecuencia de las heridas de tu niño interior?

*Recuerda llevarle a Jesús
en la oración del corazón lo que escribes.
Y vas identificando de tu historia recuerdos
y emociones, hablando con Él ábrele tu Corazón.*

CAPÍTULO 5
CONFIGURACIÓN DE TU **CORAZÓN**

COMO SE CONFIGURA MI CORAZÓN.
En la infancia se configura y se estructura en tu interior, todas tus conexiones psicológicas y emocionales tienen su raíz en todas las vivencias de tu infancia, tu corazón es la parte más íntima y más profunda de tu ser, donde están las raíces de todo tu ser, es el centro de tu existencia, el lugar donde habita DIOS en ti, para sanarlo lo tienes que conocer, tienes que entrar en lo profundo de tu corazón para llegar a tus raíces y poder comprenderte tanto en el niño interior que habita en ti, como en el adulto que hoy eres, esas son las raíces de tu estructura, las raíces de tu niño interior, el comprender y conocer tu verdad interior es la llave de tu libertad y plenitud interior, recuerda la verdad te hará libre.

SANANDO MI CORAZÓN

RAICES DEL CORAZÓN

- EMOCIÓNES
- PENSAMIENTOS
- IMPULSOS
- PATRONES DE CONDUCTA
- VOLUNTAD
- CARÁCTER

Historia de tu niño interior
RAICES DE TU ESTRUCTURA INTERIOR

- AMBIENTE FAMILIAR
- ROLES FAMILIARES
- HERIDAS EN LA RELACIÓN CON TU MAMÁ
- HERIDAS EN LA RELACIÓN CON TU PAPÁ
- PATRONES FAMILIARES
- HERIDAS Y PERDIDAS
- RAIZ DE LA SEXUALIDAD
- AMBIENTE FAMILIAR FINANCIERO

RAÍZ DE LA ESTRUCTURA DE TU NIÑO INTERIOR. AMBIENTE FAMILIAR.

> *Ambiente Familiar (Funcional y Sano).*

Desde que nacemos percibimos el ambiente de nuestro núcleo familiar y así toda nuestra infancia vamos desarrollándonos en nuestro ambiente familiar, vemos el ejemplo de nuestros padres, de cómo se tratan y todo el día a día de nuestra infancia, percibimos el ambiente emocional y de hábitos de nuestra familia, una familia funcional donde, tanto papá y mamá son sanos psicoemocionalmente será un ambiente de amor, armonía, alegría y tranquilidad, ya que los roles de los padres están equilibrados, y su relación afectiva la trasmiten siendo amorosos entre ellos, respetándose, valorandose, apoyando y compartiendo la maternidad y paternidad con alegría, amor y responsabilidad, en un ambiente así los hijos crecen con salud emocional, con estructura, valores, ejemplo de virtudes y sobre todo llenos de amor y tranquilidad teniendo como centro de la familia el amor de DIOS, oración en familia y vida de Sacramentos y en un ambiente así los niños se desarrollan en todas sus áreas, principalmente con una autoestima sana y desarrollan todas sus capacidades académicas, sociales y también a través del amor sano e incondicional de sus padres conocen el amor de DIOS, el resultado de un ambiente familiar funcional y sano sera la estructura interior de un niño feliz, amado y con grandes fortalezas interiores para continuar con su desarrollo en la etapa de la adolescencia y después como adulto.

> *Ambiente Familiar (Disfuncional).*

El ambiente familiar disfuncional es lo más dañino para la estructura emocional de un niño, en una familia disfuncional, el niño crece con muchas heridas emocionales, con confusión, miedo, dolor, angustia, soledad etc. Todo esto afecta totalmente su desarrollo en todas sus áreas, el ambiente que el niño vive, absorbe, y percibe día a día es tóxico y este caos se origina en un matrimonio disfuncional donde existen peleas, gritos, agresiones, golpes, abandono y adicciones en el matrimonio, donde cada día recibe violencia o es testigo de violencia de parte de los padres, donde existe desorden, intolerancias, hábitos nocivos familiares, conflictos constantes, problemas constantes, abuso sexual, incesto, promiscuidad, un niño que crece en un ambiente así, tiene muchas carencias afectivas, crece con gran confusión y dolor interior y estos síntomas se empiezan a ver en su capacidad académica, problemas de conductas, de agresión, aislamiento, miedos, desequilibrio emocional, problemas con la alimentación "desórdenes alimenticios", todo este ambiente que va viviendo y lo daña lo empieza a manifestar de diferentes formas, ya que no puede asimilar este malestar y las situaciones que vive en su núcleo familiar, un niño que crece en un ambiente tóxico, violento y desordenado en la adolescencia manifestará rebeldía, depresión y diferentes patrones dañinos que arrastrará hasta su etapa adulta.

ROLES FAMILIARES.
Los roles familiares marcan mucho el interior de un niño, en este punto hablamos de cuando tenemos hermanos y como es la relación de nuestros hermanos con nuestros padres, normalmente dentro del núcleo familiar entre hermanos surgen las etiquetas: El favorito, el talentoso, el rebelde, la floja, la fea, el bonito, la campeona, el desordenado y muchos más, estas etiquetas pueden marcar de por vida a un niño tanto las negativas al sentirse que no es suficiente, que no vale, que no merece, que no logra, lastíma mucho su autoestima y la manera de verse así mismo, pero también cuando cargamos con el peso de ser la estrella, el inteligente, el perfecto, el campeón,

carga con un exceso de perfeccionismo, donde se exige constantemente así mismo de una manera no sana, porque tiene asociado el ser el preferido de los padres, con el amor y la aceptación, y también crece con mucho estrés y rigidez interior, en realidad cada niño es único tanto como interiormente como exteriormente, y en una familia sana se tendría que tener por cada uno de los hijos la misma preferencia, atención y valor, y enfocarse a desarrollar sus cualidades, sus talentos, virtudes y principalmente un vínculo afectivo personalizado tanto paterno como materno.

TRANSFERENCIA EMOCIONAL MATERNA.
Cuando somos niños en la relación con nuestra mamá podemos absorber también sus heridas y daños emocionales, esto quiere decir que si nuestra madre no ha logrado sanar su propia historia, aun sin querer nos transmitirá sus propios daños emocionales, sus miedos, angustias, vergüenzas, agresión, tristeza, etc. En el vínculo materno, esto es más fuerte, ya que por lo general los hijos están afectivamente mas apegados a ella y pasan mas tiempo cerca de la mamá, ya que ella se encarga de muchas áreas de atención en el hijo y pasa la mayor parte del tiempo con el, en este caso la transferencia es inconsciente, ya que ella también no es consciente de estos daños, pero para nosotros poder sanar es importante identificarlos para no cargarlos y repetirlos.

TRANSFERENCIA EMOCIONAL PATERNA.
Al igual que con la mamá, también el niño absorbe los daños y heridas emocionales del padre que no haya resuelto ni sanado, pudiendo trasmitir inseguridad, miedo, agresión, carencia afectiva, maltrato y sus propias frustraciones, por eso es sumamente importante hoy como adulto sanar y conocerte para evitar heredar y transmitir nuestros daños a nuestros hijos,

ya que estas transferencias se dan de manera inconsciente, pero también generan una carga emocional en los hijos.

PATRONES FAMILIARES DISFUNCIONALES (ANTI-VALORES).

Parte del proceso de recuperación, es identificar patrones disfuncionales con los que crecimos y nos pueden parecer normales, pero son dañinos, los patrones de cada familia son únicos, existen costumbres y patrones sanos que nos forman, pero también costumbres que son dañinas, por lo general podemos normalizar estas conductas (anti valores), estos anti-valores que vamos a ver nos dañan y afectan en nuestro desarrollo...

Identificarlos hoy como adultos es el primer paso para romper los patrones y no repetirlos, ni en nuestra forma de vivir ni en la familia que formemos, muchos de estos patrones nos pueden parecer incluso normales, porque crecimos viéndolos día a día, pero en la recuperación será trabajar en no repetirlos y en practicar conscientemente patrones sanos (virtudes).

VALORES Y ANTIVALORES

VALOR	ANTIVALOR
AMOR	DESAMOR, ODIO, ENVIDIA, RENCOR
EQUIDAD	INEQUIDAD
HONESTIDAD	DESHONESTIDAD
FELICIDAD	INFELICIDAD
ALEGRÍA	AMARGURA
JUSTICIA	INJUSTICIA
LIBERTAD	ESCLAVITUD
TOLERANCIA	INTOLERANCIA
SOLIDARIDAD	INDIFERENCIA
CARIDAD	EGOÍSMO
FIDELIDAD	INFIDELIDAD
CONOCIMIENTO	IGNORANCIA
TRABAJO	FLOJERA, APATÍA, PEREZA
UNIDAD	DIVISIÓN
AMISTAD	ENEMISTAD

HERIDAS Y PERDIDAS.

La base de la sanación del niño interior, está en identificar las heridas interiores que, en los próximos capítulos caminaremos profundamente en este tema, la parte fundamental de nuestra sanación, es en identificar nuestras heridas, conocerlas, trabajar emocionalmente en ellas y tener un proceso psicoemocional y espiritual, hasta que cicatricen totalmente (perdonar).

Llorar nuestras pérdidas y procesarlas a través del duelo, hasta llegar a la aceptación, nos dará mucha paz, tal vez en nuestras infancia pudimos experimentar la pérdida de un padre, la muerte de una madre o de un familiar cercano, pérdida tal vez de un amigo importante, cambio de ciudad que significó dejar escuela y relaciones importantes etc. Si experimentaste alguna pérdida importante que te haya marcado en tu infancia y que no hayas podido vivir el proceso de duelo, será muy importante sanar para que encuentres la paz en tu corazón.

RAÍZ DE TU SEXUALIDAD.

La sexualidad también se va desarrollando en la infancia en diferentes etapas, y es responsabilidad de nuestros padres cuidarnos, protegernos y guiarnos para que nuestra sexualidad sea sana, ya que es un área básica y trascendente, ya que está conectada a diferentes áreas psicológicas que se manifestarán en la adolescencia y etapa adulta.

Raíz de Sexualidad "sana" en la infancia.

Una sexualidad sana se desarrolla cuando el niño es amado, protegido, cuidado, respetado y guiado adecuadamente, el niño desarrolla su identidad sexual, los límites, el pudor en base al ejemplo y al cuidado de los padres, la sexualidad es un don de DIOS, y el cuidado y la protección de los padres será básica para una sexualidad "sana" de adulto.

▌ *Raíz de Sexualidad "herida" en la infancia.*

Heridas en la sexualidad en la infancia, son las heridas más severas y traumáticas que un niño puede sufrir, ya que lo rompen interiormente incluso se le llama la muerte del alma, cuando un niño ha sido víctima de abuso sexual, explotación sexual, incesto, violación, exhibicionismo, pornografía, etc. Son de los daños más profundos y mas complicados de sanar, cuando un niño es víctima de agresiones sexuales, todo su ser se lastima, su autoestima, su auto-imagen, la relación con su cuerpo, daños en su desarrollo académico y social, incluso en agresiones muy extremas, daños neurológicos, genera un trastorno en todo el niño y secuelas que le afectan en todas las áreas de su desarrollo y de por vida.

Las heridas en la sexualidad cuando se es niño necesitan mucho trabajo y dedicación para sanar tanto psicológicamente, emocional y físicamente, es necesario un proceso terapéutico con un psicólogo especializado en abuso sexual y de preferencia católico, entre más rápido se atienda al niño el proceso de sanación le ayudará a no seguir cargando tanto dolor y evitar más secuelas en sus siguientes años y etapas de vida, pero si tú ya hoy como adolescente o adulto tienes el recuerdo de heridas de tu sexualidad en tu infancia es importantísimo que trabajes para rescatar a tu niño interior lastimado, el ser superviviente de heridas en la sexualidad en la infancia, puede afectarte en muchísimas áreas hoy como adulto, tu niño interior está sumamente herido, confundido, solo y lleno de dolor, necesita que hoy como adulto tú lo rescates, lo escuches y valides su dolor, sus recuerdos y su sentir, lo abraces y le des el amor y apoyo incondicional para que sane, sobrevivir a traumas tan dolorosos ha sido para tu niño interior sumamente difícil, agotante, angustiante y necesita de ti hoy y que hagas tu mayor esfuerzo, para poco a poco sanar y regresarle la paz y la alegría de vivir.

AMBIENTE FINANCIERO FAMILIAR.

El ambiente financiero es un área que tenemos también que trabajar, ya que en nuestra infancia pudimos percibir de nuestros padres la preocupación, angustia, miedo e incluso problemas por la situación financiera familiar, tenemos que identificar cómo fue el ambiente en nuestra familia relacionado con la estabilidad y seguridad económica, cada familia vive diferentes circunstancias en el área financiera, que puede generar un ambiente familiar de angustia e incertidumbre, incluso es una razón común de problemas en la pareja, el que identifiques esta área te ayudará a entender tus patrones financieros hoy como adulto y poder cambiarlos y sanarlos.

PILARES DE LA ESTRUCTURA DE TU CORAZÓN.

HERIDAS EN LA RELACIÓN CON TU MAMÁ (VINCULO MATERNO).

El vínculo materno es la relación más profunda del ser humano, desde el vientre de tu madre, empieza una conexión emocional, psíquica y física desde que naces, ese vínculo de protección, amor, cuidado, juego y atención te nutre físicamente, emocionalmente y forma cada etapa de tu desarrollo cognitivo, desarrolla tu afectividad y con ella aprendes a conocer el mundo y a relacionarte con el, la relación con tu mamá en tu infancia, es uno de los pilares más importantes de tu estructura interior.

Sanar las heridas en la relación con tu mamá así como las heridas de tu relación con tu Papá es sanar tus raíces mas profundas, es el proceso mas doloroso pero también el mas liberador y transformador, porque muchas veces cargamos esas heridas toda la vida y lo que causan ademas de dolor a ti mismo es una relación enferma con tu mamá que en lugar que puedas hoy como adulto disfrutar plenamente a tu mamá muchas veces si traemos heridas no resueltas no podemos amarla plenamente y por otro lado si no sanas las heridas de la relación con tu mamá te afectarán en muchas áreas interiormente pero sobre todo también en tu relación con tus hijos, por que por lo general repetimos las mismas heridas en nuestros hijos inconscientemente, si no sanamos este proceso de identificar y sanar las heridas en la relación con tu mamá no es fácil, pero es necesario para tu sanción, este será un proceso en tu interior solamente, es el poder ver esas heridas para sanarlas y llegar a comprender que muchas veces nuestra mamá también venia arrastrando heridas que tal vez no tuvo la oportunidad ni los medios para sanarlas y comprendiendo esto llegamos al entendimiento de quien hiere emocionalmente es por que también traía en su interior dolor, heridas y carencias y que el que hoy tengas oportunidad tu de sanar es un regalo también para tus hijos.

VINCULO PATERNO

(Relación con tu **PAPÁ**)

VINCULO MATERNO

(Relación con tu **MAMÁ**)

HERIDAS EN TU RELACIÓN CON TU PAPÁ (VÍNCULO PATERNO).

El vínculo paterno en el niño genera la seguridad, la fortaleza, el ejemplo, el amor, la protección, tanto el vínculo materno como el paterno estructuran y nutren el corazón, la psique y el desarrollo de un niño en diferentes áreas y aspectos, los dos son indispensables para la formación, el desarrollo y la salud interior, un niño necesita de los dos vínculos, para tener un equilibrio en todas las áreas de su estructura, y lo más importante es que estos vínculos están cimentados en la expresión del amor en todas las formas: cariños físicos, atención, cuidados, protección, interés, apoyo, compañía y diversión.

Por eso al igual que con tu mamá sanar las heridas en la relación con tu papá es ir a tus raíces mas profundas y tal vez a tus mas profundos dolores, pero el sanar y liberar ese peso de tu corazón te dará la libertad para amar y perdonar profundamente a tu papá, se que a veces las heridas pueden ser muy profundas y dolorosas pero es ahí donde mas tenemos que sanar, limpiar, liberar y llorar para llegar a un perdón profundo que te haga renacer, sanar las heridas con tu papá te ayudará a no repetir con tus hijos las mismas heridas y patrones y así poder ser un papá sano y amoroso.

SANACIÓN DE LOS VÍNCULOS MATERNO Y PATERNO.

Parte fundamental de tu curación será sanar y trabajar tu historia personal con tu mamá y tu papá, cada historia y cada vínculo entre dos personas es único e irrepetible, tu relación con tu mamá y con tu papá es única, no la puedes comparar con la de nadie más, incluso ni con la de tus hermanos, identificar y sanar recuerdos, carencias y heridas que viviste de tus papás es lo más difícil y doloroso, incluso muchas veces hay una negación interior para enfrentar las heridas que consciente o inconscientemente nos pudieron hacer nuestros padres, **recuerda que este proceso de sanación es en tu interior y de la mano de DIOS,** y hoy como adulto si quieres formar una familia o ya la formaste, te ayudará mucho a que puedas sanar estas heridas de tu vínculo materno y paterno, hará que rompas esas cadenas de dolor y no repitas con tus hijos las mismas heridas y sobre todo, al identificar y procesar esas heridas, hará que llegues hoy a una relación más sana y amorosa con tus padres, de esa manera podrás llegar al perdón desde la raíz y a sentir una paz profunda y verdadera, comprendiendo que también tus padres tenían heridas en su corazón que tal vez no pudieron sanar, el mayor regalo que le puedes dar a tus padres es verte sano, en paz y feliz, llevando una vida sana y equilibrada a pesar de lo que hayas vivido en tu infancia por que si tu sanas, podrás formar una familia en plenitud.

EJERCICIO PARA TU CORAZÓN

"En DIOS nada es imposible de sanar"
—Gaby Jacoba

Este ejercicio es muy importante.
Escribe todo lo que recuerdes y traigas cargando en tu corazón.

1. ¿Cuales fueron las heridas en la relación con tu mamá?

2. ¿Cuales fueron las heridas en la relación con tu papá?

*Recuerda llevarle a Jesús
en la oración del corazón lo que escribes.
Y vas identificando de tu historia recuerdos
y emociones, hablando con Él ábrele tu Corazón.*

CAPÍTULO 6
HERRAMIENTAS PARA TU PROCESO DE SANACIÓN

HERRAMIENTAS DE SANACIÓN.
Hemos caminado en los capítulos anteriores identificando y analizando la importancia de sanar profundamente nuestra historia, de conocer nuestra verdad aunque nos duela verla, ya que solo identificándola, aceptándola y viendo lo que nuestro niño interior tuvo que sobrevivir, podremos empezar a ponerle acción a nuestra recuperación, como lo veíamos anteriormente, para recuperarnos necesitamos la decisión, el deseo de rescatar a nuestro niño interior, la perseverancia y la fuerza de DIOS, para sanar las heridas emocionales se requiere de un compromiso contigo mismo y de tu entrega, para que día a día y un paso a la vez camines hacia tu libertad interior, vamos a ver las diferentes herramientas que te van a ayudar diariamente a lograrlo.

EL RINCÓN DE SANACIÓN DE MI CORAZÓN CON JESÚS.
Necesitarás para tu proceso de sanación un espacio para tener una intimidad con Jesús, un espacio donde puedas incluso hablar en voz alta con Él y llorar libremente, puede ser un espacio (cuarto, closet, rincón) pequeño pero íntimo y privado, en donde puedas estar solo con Jesús, puedes hacer un pequeño altar con la imagen del Sagrado Corazón de Jesús y con espacio para poner una silla y que cómodamente

puedas dialogar con Jesús, este será un lugar indispensable en tu proceso de sanación.

ORACIÓN DEL CORAZÓN.

En los primeros capítulos hablamos de la colaboración con la gracia de DIOS, para recuperarnos es básica nuestra relación con Jesús que nos ama, nos espera, nos conoce y sobre todo quiere sanarnos, cuando empezamos a trabajar y a identificar las raíces de nuestra historia, a conectar con nuestras emociones y recuerdos, se mueven muchas cosas dentro de nosotros, incluso nos podemos llegar a sentir en crisis y es necesario pasar por todos estos movimientos interiores, vas a sentir y a experimentar diferentes emociones, tal vez unas más fuertes que otras y está bien sentirlas, algunas veces podrás sentir que hasta te mueres del dolor tan intenso que sientes cuando recuerdas tus experiencias dolorosas, este proceso te llevará a una necesidad diaria de hablar de lo que sientes, la oración del corazón es ese encuentro personal desde el fondo de tu corazón, emociones, pensamientos y recuerdos con Jesús, es hablar con Él diariamente de preferencia un mínimo de 30 minutos diarios o todo lo que tu corazón necesite, es contarle a Jesús tu historia, tu dolor, tus miedos, tu coraje, todo lo que sientes dentro de ti, este proceso se llama "Catarsis" que significa "vómito del alma" el proceso de liberar las emociones que por años ha cargado tu corazón, es abrirle tu corazón a Jesús al 100%, enseñarle tus heridas, lo más íntimo y profundo de ti, cuando somos niños, muchas de las vivencias las asumimos con un sentimiento de vergüenza y culpa, pueden ser por circunstancias que hemos cargado que llamamos culpa inmerecida, esa culpa y esa vergüenza nos puede haber carcomido toda la vida, también el coraje, el odio, todas esas emociones que nos cuesta compartir con alguien, incluso tal vez, nunca las hemos hablado con alguien, Jesús las conoce, y conoce todos los días que has vivido, todos tus recuerdos, todas tus luchas, esfuerzos, lagrimas, conoce la parte más profunda de tu corazón y lo que más anhela es que se las compartas y se las platiques diariamente, este momento de liberación de tu corazón será la base en el día a día de tu recuperación y te llevará a un encuentro con Jesús que sana las áreas de tu ser, que ni tú mismo humanamente puedes llegar a sanar, a través de este encuentro de tu corazón con Jesús, empezará una transformación total de tu ser y corazón.

DIARIO EMOCIONAL.

Una herramienta que te ayudará mucho a trabajar con tus recuerdos, a identificar tus heridas y sobre todo a darle salida a tus emociones es escribir, las veces que quieras, las veces que lo necesites, todo lo que recuerdes escríbelo, ésta es una herramienta de sanación, te sugiero escribir todos los días un diario emocional, donde puedas plasmar tus emociones y lo que día a día vas viviendo dentro de ti, en tu proceso de sanación, también en tu diario puedes dibujar si así lo necesitas para expresar emociones o dibujar recuerdos, este diario debes guardarlo en un lugar seguro, donde solo tú tengas acceso a el y así cuando lo escribas, te sientas en la total libertad de plasmar todo lo que quieras, también puedes leerle a Jesús lo que hayas escrito, todo esto te ayudará a sanar y a conocerte y conectar con tus emociones, después de escribir sentirás un gran alivio, así que tener tu diario emocional te será de gran ayuda.

FOTO DE CUÁNDO ERAS NIÑO.

Consigue una o varias fotos de cuando eras niño, puede ser en las edades en la que coincida la foto con la edad en que tengas las heridas más profundas, pega tu foto en el diario emocional y puedes poner otra en tu Rincón de Sanación, la idea es que te puedas ver continuamente cuando eras niño, esto te servirá para trabajar en los recuerdos y también para vincular las emociones que sentías de niño.

COMUNICACIÓN CON TU NIÑO INTERIOR.

Tener un reencuentro con tu niño interior es el inicio de la sanación, entablar una comunicación, una alianza con el, de amor, cuidado y protección, comprender lo que ha vivido, escuchar sus sentimientos, comprender su dolor, tristeza, miedo, soledad, incluso todo lo que tuvo que hacer para sobrevivir a las heridas tal vez al abandono, al maltrato, al abuso, a las carencias de amor, ternura, presencia, protección, diversión, etc. Es regresar a su corazón, a escucharlo y al compromiso de tu yo adulto con madurez y con amor, abrazarlo, comprenderlo, escucharlo, protegerlo y rescatarlo, es conectarte también con su alegría, su pureza, inocencia, ternura y hacer la paz contigo mismo, integrando todo lo que contiene tu corazón de niño, a tu corazón de adulto a través del amor incondicional.

ALIANZA DE AMOR CON TU NIÑO INTERIOR.

La curación es un compromiso de amor hacia ti mismo, hacia el niño que fuiste, hacia el niño que vive dentro de ti, un ejercicio que puedes hacer constantemente es hacerle cartas a tu niño interior donde puedas expresarle todo lo que sientas por el, te sorprenderá lo que sentirás, este ejercicio lo puedes hacer cada que tu corazón lo necesite, al principio del proceso pueden ser cartas diarias, esto dependerá de lo que sienta tu corazón, pero te aseguro que te llenarán de una inmensa paz y amor por tu niño interior.

SOLO POR HOY
(LA GRACIA DE DIOS ACTÚA EN EL PRESENTE).

El solo por hoy, es una herramienta poderosísima para transformar tu interior, muchas veces nos puede agobiar el pensar en todo lo que tenemos que sanar, o en las diferentes heridas que tenemos que sanar, los patrones de conducta que tenemos que cambiar para ir sanando nuestro presente también, ya que la recuperación no solo es interior sino también es traerla a tu vida presente y transformar tu vida actual en diferentes áreas enfocadas a mejorar tu vida, el hacer todo esto nos puede parecer mucho, pero la fuerza de DIOS está en el presente y llevar tu recuperación un día a la vez, enfocado en hacer mejor tu día a día, será una de tus más grandes fortalezas en este viaje de la recuperación, y así hacer las cosas que te cuestan hacer o incluso que te parecen imposibles hacerlas día a día, pidiéndole a DIOS la fuerza para estas 24 horas, y es así como toda tu energía, dedicación y esfuerzo por recuperarte se enfocaran en solo un día a la vez, te aseguro que DIOS te dará la fuerza y las gracias que necesites para convertirte en el sueño que Él tiene de ti, una vida vivida en su amor.

TODO LO PUEDO EN CRISTO QUE ME FORTALECE.
Esta cita bíblica de San Pablo será una de tu más grandes fortalezas en el proceso de sanación de tu niño interior y de transformación en tu vida actual, donde experimentarás la fuerza y el poder de DIOS en ti, Él te dará la fuerza para sanar tus más profundas heridas, para ver y recordar tus recuerdos más dolorosos, para enfrentar las emociones más fuertes e intensas que estén guardadas dentro de ti, también te dará la fortaleza para transformar tu presente en las áreas que necesites sanar en tu vida actual: Autoestima, relación de pareja, relación con tus hijos, relación con tu cuerpo y salud, relación con tu economía, adicciones, patrones auto-destructivos, depresión, etc. Sanar es posible y DIOS será tu fuerza para sanar Él solo necesita tu acción tu SI, tu disposición y tu buena voluntad, Él habita dentro de ti, te conoce y te ama, y te espera para sanar y juntos, construir un futuro lleno de amor, paz, salud emocional y libertad interior.

EJERCICIO PARA TU CORAZÓN

"En DIOS nada es imposible de sanar"
 -Gaby Jacoba

1. Escríbele una carta a tu niño interior.
2. Exprésale lo que sientes por el.
3. Explícale que estás trabajando en un proceso para sanarlo y rescatarlo.

Recuerda llevarle a Jesús
en la oración del corazón lo que escribes.
Y vas identificando de tu historia recuerdos
y emociones, hablando con Él ábrele tu Corazón.

CAPÍTULO 7
RECUPERAR A MI NIÑO INTERIOR

NECESIDADES EMOCIONALES DE TU NIÑO INTERIOR.

En este punto de tu proceso de hacer consciente tu historia y tu búsqueda por conocerte y sanarte, empezamos una etapa de acción en este proceso de recuperación, es entrar a evaluar estos diferentes puntos en las que son las necesidades emocionales de un niño, aquí será importante que empieces a identificar qué necesidades de esta lista que compartiré, fueron cubiertas en tu desarrollo, empezamos a trabajar en tu corazón.

Ser Amado.

La necesidad más importante de tu niño interior era ser amado y sentirse amado en tu núcleo familiar y principalmente de tu mamá y de tu papá de la misma manera, el amor es el motor más grande del corazón humano es lo que nos da sentido, pertenencia y fuerza interior, lo que un niño más necesita es sentirse amado, es sentir de diferentes maneras esa expresión de amor de parte de los padres en todas sus etapas, el amor de sus padres nutren y le dan sentido a su existencia, la vinculación afectiva en un niño es la más grande necesidad interior, un niño que se siente y se sabe amado de la misma manera por su papá y su mamá es un niño feliz, estable emocionalmente, tranquilo con una autoestima alta y sobre todo con la fortaleza para desarrollar sus talentos, cuando un niño no se siente amado por uno de los padres o por los dos padres se siente vacío por dentro, extraviado y sin sentido de vida, con un dolor profundo y desolación, la necesidad de un niño interiormente es saberse y sentirse amado.

Ser Valorado.

Ser valorado para tu niño interior era otro punto muy importante, que tu niño interior necesitaba, todos los niños y todo ser humano tiene la necesidad básica de ser valorado, reconocido en sus actividades y en sus habilidades, un niño necesita la aprobación de su mamá y su papá de la misma manera, sentir que lo valoran y es importante en cada etapa de su desarrollo sentir esa aprobación, desde su primer dibujo en el kínder, su esfuerzo académico, su habilidad en algún deporte o su desarrollo en algún tipo de arte, en cada etapa los niños necesitan sentirse valorados, atendidos, tomados en cuenta e incluso que se les reconozcan sus logros en sus diferentes áreas y etapas, y más profundamente que en sus habilidades y los diferentes talentos que puedan desarrollar, lo que más necesita un niño es sentirse valorado por su ser, por su persona que es digna de todo amor, apoyo y cuidado, por lo valioso que es como ser humano.

SER CUIDADO (EMOCIONAL, MENTAL Y FÍSICAMENTE).

Ser Cuidado Emocionalmente.

Otra necesidad que tenía tu niño interior era ser cuidado y respetado emocionalmente, la vida emocional del ser humano es el centro de su ser, los niños necesitan ese respeto y ese cuidado de sus emociones, de su temperamento, de las cosas que le gustan y no le gustan, regular sus emociones y enseñarlo a autorregularse, esta responsabilidad es de los padres, de proveer al niño un ambiente emocional sano en el día a día, lo que ve, escucha y vive diariamente en la casa, cómo es tratado por todos los miembros de la familia, en la escuela y en todos los lugares donde el niño interactúa, en el ambiente emocional donde el niño crezca, serán las conexiones de su configuración interior y lo más probable es que la vida emocional que vivió de niño la repita en su vida adulta.

Ser Cuidado Mentalmente.

El cuidado mental de tu niño interior era muy importante para su estabilidad psicológica, este cuidado está relacionado con el ejemplo y las experiencias de lo que los niños ven y viven en su casa, los niños necesitan estabilidad emocional, un apego sano y amoroso a papá y a mamá, rutinas saludables, límites sanos y disciplina positiva, es un área básica en la formación del niño establecerle límites, le da tranquilidad y le ayudan al niño a crecer sanamente.

El ejemplo de los padres al enseñar y practicar los valores, un ambiente sano y respetuoso en casa es una necesidad del niño para crecer estable y mentalmente equilibrado.

También es importante, que a un niño se le cuide la información que recibe en la infancia, cuidar lo que ve, escucha y lo que aprende, en la última década el uso del Internet abrió una puerta infinita de información, conceptos, ideas y ejemplos que muchas veces están llenos de anti valores que perturban la pureza y estabilidad mental de los niños, lo más importante es que los padres cuiden los ambientes donde se está desarrollando el niño; casa, escuela, clubes deportivos, etc. Y toda la información que reciben sus hijos de las redes sociales y televisión cuando son niños.

Ser Cuidado Físicamente.

El cuidado físico era indispensable para tu niño interior, tanto el cuidado de tu alimentación, tu higiene, salud y desarrollo físico en general es el cuidado básico de cualquier niño, ser cuidado de los peligros en las diferentes edades, un área muy importante que necesita mucho cuidado de parte de los padres es la sexualidad del niño, es un área donde los niños dependen al 100% de la protección de los padres, desde bebés hasta el inicio de la adolescencia es responsabilidad de los padres proteger y cuidar la sexualidad de su hijo, el abuso sexual es uno de los traumas más severos que puede vivir y sobrevivir un niño, y lamentablemente puede suceder desde bebés y en cualquier edad de la infancia, el abuso sexual puede durar desde un minuto o extenderse por varios años dañando interior y físicamente al niño de manera severa y permanente, los padres tienen la responsabilidad de prevenir el abuso sexual, cuidando de quien tiene acceso al niño en todo momento, ser protegido y cuidado a nivel físico en todas las áreas es extremadamente necesario para el desarrollo pleno de un niño.

SER APOYADO Y GUIADO.

Ser apoyado y guiado es otra necesidad que tenía tu niño interior, cada niño nace con un temperamento, dones y talentos únicos, que desde niño empezará a desarrollar, puede ser un arte, un deporte, gusto por las ciencias, etc. Un niño necesita el apoyo y un medio ambiente adecuado para que desarrolle sus habilidades, creatividad y talentos, el apoyo, la guía y sobre todo la motivación de los padres hará que el niño disfrute y desarrolle las aptitudes necesarias como disciplina, constancia, dedicación, trabajo en equipo, etc. El niño al tener logros y disfrutar hacer las cosas que le gustan, irá desarrollando una plenitud en el área de sus talentos y habilidades.

CONECTAR CON EL CORAZÓN DE TU NIÑO INTERIOR.

Regresar y conectar con el corazón de tu niño interior, es el inicio de la recuperación activamente, es un proceso amoroso de paciencia para adentrarse poco a poco en todo lo que contiene tu corazón, es conectar con tus recuerdos y tu verdad, es darle voz y validar totalmente sus sentimientos, necesidades, carencias, conocer sus heridas, porque nadie más que tú hoy como adulto podrá iniciar el proceso para curarlas, es comprender la historia de ese niño que vive dentro de ti, es abrazarlo, escucharlo, entenderlo y darle todo lo necesario para que puedas sanar.

¿Qué Siente?

Conectar con las emociones y sentimientos de tu niño interior, conocerlas e identificarlas es el primer paso para sanarlas, lo importante es poder ver que habrá algún sentimiento más predominante o varios a la vez, lo que es importante, es que puedas verlos e identificarlos, sean cual sean tus sentimientos, algunos sentimientos tendrán mucha fuerza, tal vez descubrirás sentimientos como el dolor, el miedo, la ira, la culpa, y te puede causar temor, lo importante es que los dejes sentir y entender que no pasa nada con sentir, que incluso esos sentimientos han estado siempre dentro de ti, consciente o inconscientemente para sanarlos, tienes que primeramente identificarlos y dejar sentirlos, mientras más profundo trabajes todos los sentimientos y emociones dolorosas, poco a poco irán perdiendo intensidad y fuerza.

¿Qué le duele?

Conectar con el dolor de tu niño interior, es el momento más difícil de la recuperación, pero también es el momento que más te libera y te transforma, el dolor de tu niño interior solo enfrentándolo podrás transformarlo, y aunque cruzarlo te pueda parecer imposible y sientas que te partes en dos, DIOS te dará la fuerza para renacer de Él, cruzar por el dolor de tu niño interior hasta salir libre y transformado, será el punto donde renazcas desde tus heridas a una nueva vida dentro de ti.

¿Qué Necesita?

Conectar con las necesidades de tu niño interior te ayudará a comprender diferentes áreas de ti mismo, al entender sus necesidades y carencias afectivas de atención, diversión, compañía y cuidado, será un punto donde puedas identificar las heridas que te causaron estas áreas de carencias emocionales.

¿Qué le Asusta?

Conectar con los miedos de tu niño interior es romper con la angustia crónica que podemos arrastrar hoy como adultos, debido a los miedos que tenemos guardados en el inconsciente, son muchos los miedos que pudiste sentir siendo niño y que tal vez nunca pudiste expresarlos o simplemente se quedaron dentro de ti, algunos de estos miedos puede ser el miedo al abandono, miedo a tu mamá, miedo a tu papá o a otro miembro de tu familia, miedo a los gritos, a los golpes, a la soledad, miedo al divorcio, miedo a la adicción de alguno de los padres, miedo a la muerte, miedo a las enfermedades, miedo a la desprotección económica, miedo a la oscuridad, miedo a la escuela, a algún maestro, miedo a algún compañero o al grupo, miedo a no ser aceptado, etc. Identificar nuestros miedos es la puerta a la libertad y a la paz interior, ya que al identificarlos dejan de ser inconscientes y podemos comprenderlos y así evitar que nos controlen y nos paralicen, sanar los miedos del niño interior a través de identificarlos y expresarlos hará que disminuyan y dejen de mantenernos en angustia crónica.

¿Qué carga injustamente? (Culpa Inmerecida).

Conectar con el sentimiento de culpa que pueda cargar tu niño interior te llevará a poderte liberar de las cadenas que injustamente has cargado por años, cuando eras niño tal vez creciste sintiéndote culpable por muchas cosas, los niños normalmente cuando experimental algún tipo de situación

CAPÍTULO 8
IDENTIFICAR MIS HERIDAS

En este capítulo entramos a la etapa que más nos puede mover interiormente, pero a la misma vez la que más nos puede sanar y transformar nuestro corazón, nuestra vida y nuestra vida interior, dando paso a la libertad emocional, a la paz mental y por encima de todo iniciar una nueva vida dentro de nosotros con la cual, nos impulsará a transformar los diferentes aspectos de nuestra vida presente, transformándola en el amor de DIOS.

¿QUÉ ES UNA HERIDA? (TRAUMA).

Las heridas emocionales (trauma) a veces son difíciles de entender y se puede hacer complicado el trabajar en ellas, por eso para mí, es muy importante que sea sencillo para ti el entender todos estos aspectos de la sanación interior, parte de mi método es que sea dinámico y pedagógico, que te sea sencillo comprender el camino de la sanación, por eso vamos a usar aquí en este capítulo la comparación con las heridas físicas y la similitud que tiene curar una herida física a una herida emocional, una herida es algo que nos duele, que nos lastima incluso puede impedir nuestra actividad, una herida hasta que no se cura no deja de doler.

Incluso si no la atendemos se puede llegar a infectar causando severos daños en nuestra salud y complicaciones severas que pueden causar hasta la muerte, también así pasa con las heridas emocionales, al vivir una experiencia traumática se genera una herida en nuestro corazón en nuestra mente y en todo nuestro ser, las heridas emocionales muchas veces no son visibles como las heridas físicas, son complicadas de identificar y sobre todo cuando se es niño, no tenemos la capacidad de entender, procesar y expresar las emociones que nos causan las heridas, y solo las manifestaremos con alteraciones en la conducta (déficit de atención, agresividad, aislamiento, trastornos en la conducta alimentaria, problemas en el desarrollo académico, insomnio y traumas muy severos posiblemente hasta el suicidio, así un niño manifiesta un trauma que vivió o una situación traumática que vive constantemente dentro de su núcleo familiar, y si no se le atiende psicológicamente y se le rescata, validandolo, protegiendolo y apoyandolo crecerá con esa herida dentro de el y quedará encapsulada (el trauma guardado con todas las emociones y daños psicológicos), podemos haber experimentado diferentes tipos de heridas en nuestra infancia y hoy como adulto el mayor acto de amor que puedes hacer por ti mismo es sanarlas y liberar a tu niño interior que habita dentro de ti herido, asustado, confundido, solo y lleno de dolor y desesperación, si vamos al doctor con una herida en nuestro cuerpo lo primero que hará es limpiarla y depurarla, dejar que salga la pus (los líquidos de la infección), hasta que quede completamente limpia, dependiendo de la gravedad de la herida será el tratamiento que te dará para sanar y lograr la cicatrización total, las heridas emocionales necesitan un tratamiento parecido al de las heridas físicas para ser sanadas, en este caso nuestro médico es Jesús y el tratamiento para sanar será limpiar la herida sacando de nuestro corazón las emociones que carga entregandole a Jesús todo lo que sientes, la medicina (Los Sacramentos) que nos llenan del amor y la fuerza de DIOS y tu entrega sera la perseverancia para llevar a cabo lo necesario para sanar nuestras heridas emocionales, y darnos a nosotros mismos la oportunidad de nacer a una nueva vida en la salud, libertad y el amor de DIOS.

HERIDAS
PSICO-EMOCIONALES y FÍSICO-EMOCIONALES

HERIDAS FÍSICO-EMOCIONALES

- GOLPES CON VIOLENCIA
- ABUSO SEXUAL
- INCESTO
- VIOLACIÓN

HERIDAS PSICO-EMOCIONALES

- OFENSAS
- ABANDONO
- RECHAZO
- NEGLIGENCIA
- GRITOS
- HUMILLACIÓN
- INJUSTICIA
- BURLAS

TIPOS DE HERIDAS.

Heridas Psicoemocionales.
Las heridas psicoemocionales son las heridas a nivel psicológico y emocional como:

Ofensas	*Negligencia*
Maltrato	*Gritos*
Abandono	*Humillación*
Rechazo	*Injusticia*

Estas heridas lesionan nuestra mente y nuestro corazón nos marcan y deterioran nuestro desarrollo emocional, nuestra manera de vernos a nosotros mismos, nuestra afectividad, nos marca y dificulta toda nuestra vida psicoemocional, causándonos muchas emociones que siendo niños no podíamos procesar, quedando encapsuladas y generando desajustes emocionales, generándonos depresión y un continuo sufrimiento interior que arrastramos hasta hoy como adultos, muchas veces podemos pensar que, con el paso de los años, esas heridas al ser invisibles creemos que se quedan en el pasado como un mal recuerdo o experiencia que es de tu historia de niño, pero al igual que las heridas físicas que si no se sanan se infectan y causan daños severos, lo mismo pasa con esas heridas emocionales, quedan encapsuladas dentro de ti generando síntomas que hoy en tu vida adulta te hacen sufrir y que incluso te pueden llevar a la autodestrucción, a mayor profundidad de la herida mayor gravedad del síntoma hoy como adulto.

▎ *Heridas físico-Emocionales.*
Son las heridas donde la agresión se da con el contacto físico generando daño físico, psicológico y emocional, generando trastornos emocionales muy severos, son de las heridas más graves, ya que dañan todas las áreas de la persona o del niño.

▎ *Heridas físico-Emocionales (de Maltrato y Golpes).*
Las heridas físico-emocionales de maltrato y golpes, no solo dejan marcas y cicatrices en el cuerpo del niño, sino que lo marcan de por vida, vivir el maltrato y golpes genera en el niño emociones dañinas para el mismo, trastornando sus emociones llenándolo de dolor, angustia, ira y miedo, experimentar la violencia en su propio cuerpo de niño distorsiona y rompe sus límites, hundiéndolo en un estado de ansiedad, enojo, impotencia, dolor y miedo.

▎ *Heridas físico-Emocionales (de Abuso Sexual, Incesto, Acoso, Explotación, Violación, etc.)*
Las heridas Físico-Emocionales en el área sexual son las más traumáticas y las más complicadas de sanar, ya que lesionan y hieren la totalidad del niño a nivel emocional, psicológico y físico, la agresión sexual es uno de los traumas más severos que puede vivir un niño, a esto se le llama "la muerte del alma", ya que deja devastado al niño en todas sus áreas, generando daños, secuelas y heridas muy dolorosas, que son complicadas de sanar, sobrevivir y ser víctima de una agresión sexual en la infancia, las secuelas y los traumas serán sumamente graves, estas heridas y estos recuerdos necesitan de un trabajo de recuperación profundo y de diferentes apoyos psicológicos y espirituales.

SEVERIDAD DE LAS HERIDAS (GRAVES O LEVES).

▌ *Heridas Graves.*
Son las heridas más profundas y traumáticas, son las que marcan nuestra vida emocional y las que generan mayor daño al niño, modificando severamente su estado emocional, psicológico y físico, con secuelas que se extenderán hasta la vida adulta con diferentes síntomas; ansiedad, depresión, neurosis, adicciones, fracaso en las relaciones afectivas, pensamientos obsesivos, vulnerabilidad emocional, trastornos psicológicos, problemas del sueño, agresividad, inseguridad, miedo, aislamiento, desconfianza, baja autoestima, conductas auto-destructivas, relaciones enfermizas, violentas y dañinas, pensamientos suicidas, desórdenes alimenticios, etc.

En conclusión, las heridas graves hunden al niño en un abismo de dolor hasta que se le rescate (ya sea con atención psicológica siendo niño o adolescente) o tú como adulto lo liberes y rescates con todo el amor y apoyo que hoy le puedas dar a tu niño interior.

▌ *Características de las heridas graves (continuidad y repetición).*
Una de las características que agravan las heridas en la infancia es la continuidad y repetición, ya que extienden en estado crónico el trauma interior del niño, la continuidad de las agresiones ya sean emocionales o físicas marcarán la profundidad de la herida, ejemplo: No es el mismo daño que un niño reciba uno o dos golpes en toda su infancia a que crezca todos los días de su vida siendo maltratado y golpeado violentamente, no es lo mismo que una niña tenga la experiencia de intento de acoso sexual solo una vez en un campamento de verano a que viva una situación de incesto y abuso sexual permanentemente en su casa.

▋ *Características de las heridas graves (Importancia de la Relación afectiva de quien las genere).*

Otra característica de las heridas graves es la cercanía afectiva de quien produce y genera la herida, a mayor vinculación e importancia afectiva mayor dolor y secuelas, significa que para el niño será más doloroso y difícil de procesar el trauma si quien lo agrede o lastíma es alguien a quien ama, en quien confía, y del que depende (mamá, papá, hermanos, abuelos, tíos, etc.), ya que son las personas más importantes de su vida, y de las que naturalmente espera protección, cuidado y cariño.

▋ *Heridas Leves.*

Son las heridas que pueden lastimar, pero no tienen el alcance ni la fuerza de traumatizar de manera severa al niño, son experiencias esporádicas que muchas veces el niño logra resolver y acomodar sin que le generen un daño a largo plazo, por lo general son heridas en el ambiente social, académico, deportivo, etc. Sin embargo, es importante también identificarlas y trabajarlas.

EJERCICIO PARA TU CORAZÓN

"En DIOS nada es imposible de sanar"
                            -Gaby Jacoba

Ejercicio para identificar las heridas del corazón de tu niño interior.

1. Escribe ¿Qué heridas psicoemocionales recuerdas e identificas que viviste?

2. Escribe ¿Qué heridas físico-emocionales recuerdas e identificas que viviste?

*Recuerda llevarle a Jesús
en la oración del corazón lo que escribes.
Y vas identificando de tu historia recuerdos
y emociones, hablando con Él ábrele tu Corazón.*

CAPÍTULO 9
IDENTIFICAR TODO LO QUE HAS HECHO PARA **SOBREVIVIR** A TUS HERIDAS

En este capítulo vas a identificar todo lo que has hecho hasta hoy para intentar sobrevivir emocionalmente a las heridas de nuestro niño interior, hay innumerables formas de reaccionar a nuestras heridas y situaciones traumáticas, a lo largo de la adolescencia y de tu vida como adulto has desarrollado diferentes maneras para soportar y sobrevivir al dolor de las heridas de tu niño interior, en este punto vamos a ver con amor y comprensión el sufrimiento de tu niño interior y todo lo que te has desgastado hasta hoy para sobrevivir a ese dolor, en el capítulo anterior vimos que las heridas emocionales se parecen a las heridas físicas y aquí te quiero hacer una pregunta, ¿Hoy cuando sufres una herida en alguna parte de tu cuerpo cuál es tu urgencia más grande? Respuesta: Quitarte el dolor, es un instinto natural buscar la manera de anestesiar el dolor, lo mismo pasa con las heridas emocionales buscaremos a toda costa anestesiar nuestro dolor, cuando somos niños y sufrimos heridas emocionales buscamos aliviar ese dolor, tal vez negando lo sucedido o dejando de comer o volviéndose rebelde, agresivo, o hiperactivo, cada niño buscará la manera de sobrevivir al dolor también cuando cruzamos la adolescencia y ese dolor sigue dentro de nosotros, tal vez dentro de esta etapa buscaremos otras maneras de sobrevivir al dolor emocional usando drogas, huyendo de casa, adicción a la pornografía, etc. Hasta llegar a la etapa adulta arrastrando el dolor en nuestro interior, y el desgaste de todo lo que hacemos para sobrevivir, más las responsabilidades de ser adulto complican mucho nuestra vida emocional, cuando empezamos a sanar, parte de la sanación será cambiar a través del amor, compresión y paciencia hacia nosotros mismos, estos mecanismos de defensa y de supervivencia que identificamos ahora en esta siguiente parte.

▍ *Negación.*
La negación es la reacción de nuestra mente para protegerse de una experiencia traumática, por lo general los niños muchas veces olvidan o niegan situaciones traumáticas porque no tienen manera de procesar el trauma, y una de las formas es negar lo sucedido, pero el olvidar no significa que superó el trauma, al contrario, significa que no tiene los recursos emocionales y psicológicos para lidiar con el, en este caso el trauma, las heridas, los recuerdos y las emociones quedarán enterradas en su inconsciente generando diferentes síntomas como miedo, fobias, depresión, angustia y diferentes conductas en todas las etapas de su vida.

▍ *Aislamiento.*
El trauma afecta los patrones de pensamiento y comportamiento, una de las maneras de protegernos o de reaccionar después de una experiencia traumática es aislarnos.

Perder el interés de las actividades, de las relaciones afectivas del interés por la vida, el dolor interior y la confusión puede llevarte a encerrarte en ti mismo y quedarte en un estado de parálisis emocional.

▎ *Culpabilidad.*
Los niños al experimentar un trauma o al estar viviendo constantemente situaciones de maltrato, abandono o rechazo, muchas veces la manera que pueden acomodar la experiencia es culpándose por lo sucedido, por ejemplo: un niño que vive el divorcio de los padres se sentirá culpable por los problemas y separación, o una niña que vive abuso sexual se sentirá culpable y pensara que ella y su cuerpo son malos, o si un niño sufre el abandono de un padre pensara que hizo algo por lo cual su padre lo abandonó, este estado de culpabilidad del niño lo manifestará en diferentes áreas cargando constantemente el sentimiento y la idea de que siempre es culpable de todo lo que pasa, este sentimiento de culpa lo proyectarán hasta la etapa adulta, manteniéndolo en una prisión mental y proyectando en diferentes áreas de su vida esta culpabilidad inmerecida.

▎ *Disociación (Desconexión).*
Otro mecanismo de defensa y supervivencia es la disociación o desconexión que el niño puede desarrollar al sobrevivir a una experiencia traumática y dolorosa, este mecanismo es de desconectarse de sus emociones o sensaciones del cuerpo y en casos graves hasta distorsionar la realidad.

▎ *Racionalizar.*
Otro mecanismo de defensa y supervivencia es racionalizar y darse una explicación a si mismo disculpando y justificando al agresor y a la experiencia traumática.
Es una manera de evitar el dolor de reconocer y conectar con las emociones de la experiencia traumática.

RECONOCER EL ESFUERZO POR SOBREVIVIR AL DOLOR DE NUESTRO NIÑO INTERIOR.

Son muchos los mecanismos de defensa y supervivencia que tuvo que desarrollar o que usar tu niño interior para sobrevivir al dolor de sus heridas, podríamos agregar muchas más a la lista como (adicciones, actividad constante, desórdenes alimenticios, estado crónico de alerta, pensamientos obsesivos compulsivos, aislamiento, etc.). Durante este proceso de sanación en el que has decidido sanarte validar y comprender todo lo que has hecho hasta hoy para sobrevivir, parte de tu sanación será dejarte de culpar y a través de la compresión, del amor y de la fuerza de DIOS, empezar a cambiar estas actitudes y patrones que poco a poco ya no necesitarás, ya que al seguir sanando tu dolor irá disminuyendo y podrás intercambiar estas actitudes de supervivencia por patrones de comportamiento sanos que te ayudarán a sentirte libre y feliz.

EJERCICIO PARA TU CORAZÓN

"En DIOS nada es imposible de sanar"
       -Gaby Jacoba

Ejercicio para identificar los mecanismos de defensa y supervivencia que tu niño interior tuvo que usar para sobrevivir al dolor emocional.

1. Haz una lista de los mecanismos de defensa y supervivencia que usaste de **niño** o desarrollaste para aliviar tu dolor interior.

2. Haz una lista de los mecanismos de defensa y supervivencia que usaste de **adolescente** o desarrollaste para aliviar tu dolor interior.

3. Haz una lista de los mecanismos de defensa y supervivencia que usas hoy como **adulto** para aliviar el dolor de tu niño interior.

*Recuerda llevarle a Jesús
en la oración del corazón lo que escribes.
Y vas identificando de tu historia recuerdos
y emociones, hablando con Él ábrele tu Corazón.*

CAPÍTULO 10
INVENTARIO DE LAS HERIDAS DE **TU INFANCIA**

En este viaje hacia el fondo de tu corazón, hemos llegado hasta este punto, donde harás un inventario minucioso de las heridas de tu historia, este será un proceso como armar un rompecabezas donde conectarás tus recuerdos con tus emociones para después empezar el proceso de sanar tus recuerdos y tus heridas, recuerda siempre (no se puede sanar lo que no se identifica y conoce), es indispensable primero identificar, conocer y aceptar nuestras heridas antes de poder sanarlas.

Tu historia es como tu huella digital, única, y solo tú la conoces totalmente y solo tú puedes hacer el proceso para sanar tu corazón, a más conocimiento de tú historia más plenitud en tu vida presente, más libertad interior, más libertad para amar y vivir la auténtica felicidad, entre más te conoces a ti mismo y a tu historia, más autodominio tendrás hoy como adulto, el que te conozcas a ti mismo, conoces tus heridas y todo lo que eres, será una fuerza interior para ti, también el conocerte a ti mismo te dará mucha paz, hacer un inventario de tu historia recuerdos y heridas es la llave que abrirá la puerta hacia tu libertad y liberación interior.

CONECTAR TUS RECUERDOS A TUS HERIDAS Y A TUS EMOCIONES.

Llegamos al punto donde te conectarás con lo más profundo de tu corazón, tus recuerdos para identificar las heridas y las emociones que cada herida te provocaron, este capítulo será de escribir todo lo que recuerdes y sientas te pido que no reprimas nada de tus recuerdos ni tus emociones, escribe todo lo que venga a tu mente, todo lo que sientas, este capítulo es de catarsis para sacar de ti y de tu corazón todo lo que has cargado durante tanto tiempo, te aseguro que después de que escribas este inventario sentirás un descanso porque empezarás a quitar de ti un gran peso, Jesús estará contigo, Él te acompañará y será tu fuerza al recorrer tus recuerdos, los ejercicios siguientes te sugiero que los hagas en tu diario emocional y utilices todos los cuadernos que necesites, y resguardes tus diarios en un lugar personal y seguro.

CONECTAR LAS EMOCIONES CON LOS RECUERDOS

RECUERDOS

EMOCIONES

CONEXION

DOLOR
TRISTEZA
DESOLACIÓN
AFLICCIÓN
DESCONSUELO
MALANCOLÍA
SOLEDAD
DEPRESIÓN
DESESPERACIÓN

ENOJO
IRA
RABIA
RESENTIMIENTO
FURIA
INDIGNACIÓN
CORAJE
ODIO
IMPOTENCIA

MIEDO
ANGUSTIA
TEMOR
PÁNICO
PREOCUPACIÓN
DESASOCIEGO
ANSIEDAD
INCERTIDUMBRE
INQUIETUD
TERROR

CULPA
VERGÜENZA
PENA
INQUIETUD
REMORDIMIENTO
AUTO-CASTIGO
AUTO-CRÍTICA
AUTO-ODIO
AGOTAMIENTO
RECRIMINARSE

¿CÓMO HACER EL INVENTARIO DE MI HISTORIA?

En los siguientes capítulos estarán escritos por etapas de vida, las áreas principales de sanación de recuerdos de tus emociones en donde empezarás a trabajar en el proceso de sanar tus heridas, a continuación vendrán diferentes inventarios de tus recuerdos en las áreas claves de sanación, dedica 1 hora mínimo y de preferencia tres veces a la semana para ir realizando los ejercicios de inventarios emocionales, pídele al Espíritu Santo te guíe y te ilumine para recordar y conectar con tus heridas y áreas que necesitas sanar.

Escribe todo lo que sientas lo que recuerdes, no hay límite de tiempo y hojas lo importante es vaciar tu corazón y que puedas conectar y conocer todas las áreas donde está lastimado tu corazón.

Vive este proceso de la mano de Jesús hablando y compartiendo con Él, todo lo que vas escribiendo e identificando.

Si algunas áreas de los inventarios no son experiencias o heridas que hayas vivido solo salta esa área y continua con la siguiente, también si tuviste alguna experiencia que no esté descrita en los inventarios escríbela recuerda que lo importante es sacar todo lo que carga tu corazón.

Escribe todo lo que necesites y recuerdes, no hay límite, escribe todos los recuerdos que necesites sanar, incluso mientras escribes te puede pasar que te vienen a la mente recuerdos que tenías guardados en el inconsciente, trata de escribir en un lugar tranquilo, puede ser incluso frente al Santísimo o en una capilla o en tu rincón de intimidad con Jesús.

Lo importante es que le dediques un tiempo especial y de tranquilidad para hacer este proceso de introspección y sanación.

MINUCIOSO INVENTARIO DE TU RELACIÓN CON TU MAMÁ (VÍNCULO MATERNO).

Escribe tu inventario de recuerdos en estas cuatro etapas:

0 A 3 años
3 A 6 años
6 A 9 años
9 A 12 años

¿Cómo era tu relación con tu Mamá? (Vínculo Materno)

MINUCIOSO INVENTARIO DE TU RELACIÓN CON TU PAPÁ (VÍNCULO PATERNO).

Escribe tu inventario de recuerdos en estas cuatro etapas:

0 A 3 años
3 A 6 años
6 A 9 años
9 A 12 años

¿Cómo fue tu relación con tu Papá? (Vínculo Paterno)

MINUCIOSO INVENTARIO DE TU RELACIÓN CON TUS HERMANOS.

Escribe tu inventario de recuerdos en estas cuatro etapas:

0 A 3 años
3 A 6 años
6 A 9 años
9 A 12 años

¿Cómo era la relación con tus hermanos?

MINUCIOSO INVENTARIO DE HERIDAS PSICOEMOCIONALES (OFENSAS, MALTRATO, ABANDONO, RECHAZO, NEGLIGENCIA, GRITOS, HUMILLACIÓN, INJUSTICIA, ETC.)

Escribe tu inventario de recuerdos en estas cuatro etapas:

0 A 3 años
3 A 6 años
6 A 9 años
9 A 12 años

¿Qué heridas psicoemocionales viviste en tu infancia?

MINUCIOSO INVENTARIO DE HERIDAS FÍSICO-EMOCIONALES (GOLPES).

Escribe tu inventario de recuerdos en estas cuatro etapas:

0 A 3 años
3 A 6 años
6 A 9 años
9 A 12 años

¿Qué heridas de maltrato físico viviste en tu infancia?

MINUCIOSO INVENTARIO DE HERIDAS FÍSICO-EMOCIONALES DE LA SEXUALIDAD EN TU INFANCIA (ABUSO SEXUAL, INCESTO, ACOSO, EXPLOTACIÓN, VIOLACIÓN ETC.)

Escribe tu inventario de recuerdos en estas cuatro etapas:

0 A 3 años
3 A 6 años
6 A 9 años
9 A 12 años

¿Qué heridas en tu sexualidad sufriste en tu infancia?
* (Este ejercicio solo aplica si viviste alguna de estas heridas, si no tienes recuerdos de alguna experiencia así bríncate este ejercicio).

MINUCIOSO INVENTARIO DEL AMBIENTE EN TU NÚCLEO FAMILIAR.
Escribe tu inventario de recuerdos en estas cuatro etapas:

0 A 3 años
3 A 6 años
6 A 9 años
9 A 12 años

¿Cómo era el ambiente emocional en tu familia?

MINUCIOSO INVENTARIO DE MI ROL EN MI FAMILIA.
Escribe tu inventario de recuerdos en estas cuatro etapas:

0 A 3 años
3 A 6 años
6 A 9 años
9 A 12 años

¿Cuál era tu rol en tu núcleo familiar?

MINUCIOSO INVENTARIO DE PÉRDIDAS VIVIDAS EN MI INFANCIA.

Escribe tu inventario de recuerdos en estas cuatro etapas:

0 A 3 años
3 A 6 años
6 A 9 años
9 A 12 años

¿Qué perdidas viviste en tu infancia?

MINUCIOSO INVENTARIO DE CARENCIAS AFECTIVAS.

Escribe tu inventario de recuerdos en estas cuatro etapas:

0 A 3 años
3 A 6 años
6 A 9 años
9 A 12 años

¿Qué carencias afectivas tuviste en tu infancia?

MINUCIOSO INVENTARIO DE PATRONES FAMILIARES DISFUNCIONALES.

Escribe tu inventario de recuerdos en estas cuatro etapas:

0 A 3 años
3 A 6 años
6 A 9 años
9 A 12 años

¿Qué patrones disfuncionales se vivían en tu familia?

MINUCIOSO INVENTARIO DE CÓMO ERA LA RELACIÓN DE TU PAPÁ Y DE TU MAMÁ.

Escribe tu inventario de recuerdos en estas cuatro etapas:

0 A 3 años
3 A 6 años
6 A 9 años
9 A 12 años

¿Cómo era la relación afectiva de tu Papá y tu Mamá?

MINUCIOSO INVENTARIO DE CÓMO FUE TU EXPERIENCIA EN EL ÁREA ACADÉMICA EN TU ESCUELA.

Escribe tu inventario de recuerdos en estas cuatro etapas:

0 A 3 años
3 A 6 años
6 A 9 años
9 A 12 años

¿Cómo recuerdas tus experiencias académicas en la escuela?

MINUCIOSO INVENTARIO DE CÓMO FUE TU EXPERIENCIA EN EL ÁREA SOCIAL EN TU ESCUELA.

Escribe tu inventario de recuerdos en estas cuatro etapas:

0 A 3 años
3 A 6 años
6 A 9 años
9 A 12 años

¿Cómo fue tu experiencia social?

EJERCICIO PARA TU CORAZÓN

"En DIOS nada es imposible de sanar"
  –Gaby Jacoba

---

1. Dibuja y describe cómo visualizas a tu niño interior.

2. Escribe que emociones sientes al recordar tu infancia.

*Recuerda llevarle a Jesús
en la oración del corazón lo que escribes.
Y vas identificando de tu historia recuerdos
y emociones, hablando con Él ábrele tu Corazón.*

GABY JACOBA

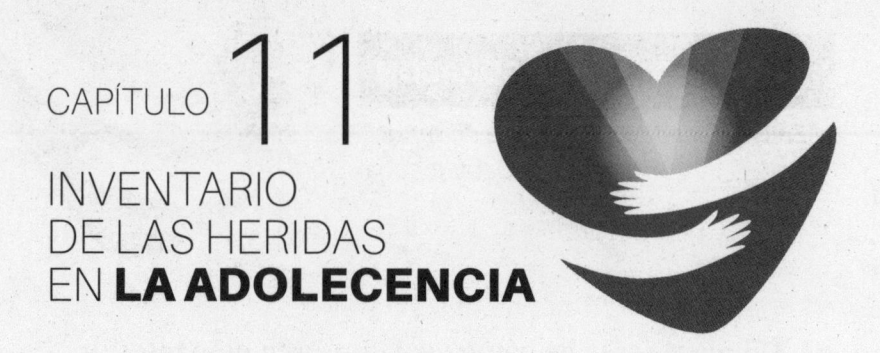

CAPÍTULO 11
INVENTARIO DE LAS HERIDAS EN **LA ADOLECENCIA**

La adolescencia es la etapa de transición de niño a adulto, con cambios físicos y emocionales complejos, si un niño tuvo una infancia funcional, sana, amorosa, en la mayoría de los casos el adolescente cruzará esta etapa compleja y de desafíos de una manera equilibrada y positiva (enfocado en el deporte, en el arte, buen desempeño académico, etc.), obviamente en esta etapa de cambios interiores el adolescente pasa por diferentes procesos naturales del desarrollo físicos mentales y emocionales, pero cuando el niño vivió una infancia complicada en una familia disfuncional y tiene heridas y traumas graves, en la etapa de la adolescencia veremos como las heridas de la infancia se empiezan a manifestar con diferentes patrones, síntomas y conductas dañinas como adicciones, bajo desempeño académico, agresividad, rebeldía, aislamiento, conductas auto-destructivas, etc. Un proceso terapéutico en ésta etapa ayudaría mucho al adolescente a sanar las heridas de su infancia y corregir su conducta, sin embargo, muchas veces el adolescente no es llevado a terapia o él mismo se niega a recibir ayuda, en este capítulo identificarás las heridas que viviste en la adolescencia, por lo general si los padres no tienen también un proceso terapéutico y se logra modificar los patrones familiares y sanar las relaciones, se seguirá repitiendo el mismo patrón de relación con los padres y hermanos, complicando todavía más el ambiente familiar y generando más heridas en el adolescente, aumentando los síntomas y las conductas dañinas.

MINUCIOSO INVENTARIO DE TU RELACIÓN CON TU MAMÁ (VÍNCULO MATERNO).
Escribe tu inventario.
12 a 18 años

¿Cómo fue tu relación con tu Mamá? (Vínculo Materno)

MINUCIOSO INVENTARIO DE TU RELACIÓN CON TU PAPÁ (VÍNCULO PATERNO).
Escribe tu inventario.
12 a 18 años

¿Cómo fue tu relación con tu Papá? (Vínculo Paterno)

MINUCIOSO INVENTARIO DE TU RELACIÓN CON TUS HERMANOS.
Escribe tu inventario.
12 a 18 años

¿Cómo fue la relación con tus hermanos?

MINUCIOSO INVENTARIO DE HERIDAS PSICOEMOCIONALES (OFENSAS, MALTRATO, ABANDONO, RECHAZO, NEGLIGENCIA, GRITOS, HUMILLACIÓN, INJUSTICIA, ETC.)
Escribe tu inventario.
12 a 18 años

¿Qué heridas psicoemocionales viviste?

MINUCIOSO INVENTARIO DE HERIDAS FÍSICO - EMOCIONALES (GOLPES).
Escribe tu inventario.
12 a 18 años

¿Qué heridas de maltrato físico viviste?

MINUCIOSO INVENTARIO DE HERIDAS FÍSICO - EMOCIONALES DE LA SEXUALIDAD (ABUSO SEXUAL, INCESTO, ACOSO, EXPLOTACIÓN, VIOLACIÓN, ETC.)
Escribe tu inventario.
12 a 18 años

¿Qué heridas hay en tu sexualidad? (Etapa de adolescente)
* (Este ejercicio solo aplica si viviste alguna de estas heridas, si no tienes recuerdos de alguna experiencia así pasa al siguiente ejercicio).

MINUCIOSO INVENTARIO DEL AMBIENTE EN TU NÚCLEO FAMILIAR.
Escribe tu inventario.
12 a 18 años

¿Cómo fue el ambiente emocional en tu familia? (Etapa de adolescente)

MINUCIOSO INVENTARIO DE MI ROL EN MI FAMILIA.
Escribe tu inventario.
12 a 18 años

¿Cuál era tu rol en tu núcleo familiar? (Etapa de adolescente)

MINUCIOSO INVENTARIO DE PÉRDIDAS VIVIDAS EN MI ADOLESCENCIA.
Escribe tu inventario.
12 a 18 años

¿Qué perdidas has vivido? (Etapa de adolescente)

MINUCIOSO INVENTARIO DE CARENCIAS AFECTIVAS.
Escribe tu inventario.
12 a 18 años

¿Qué carencias afectivas tienes? (Etapa de adolescente)

MINUCIOSO INVENTARIO DE PATRONES FAMILIARES DISFUNCIONALES.
Escribe tu inventario.
12 a 18 años

¿Qué patrones disfuncionales se viven en tu familia? (Etapa de adolescente)

MINUCIOSO INVENTARIO DE CÓMO ERA LA RELACIÓN DE TU PAPÁ Y DE TU MAMÁ.
Escribe tu inventario.
12 a 18 años

¿Cómo es la relación afectiva de tu Papá y tu Mamá? (Etapa de adolescente)

MINUCIOSO INVENTARIO DE TU AUTOESTIMA.
Escribe tu inventario.
12 a 18 años

¿Cómo te vez y te valoras a ti mismo? (Etapa de adolescente)

MINUCIOSO INVENTARIO DE HERIDAS DE ACEPTACIÓN SOCIAL.
Escribe tu inventario.
12 A 18 años

¿Viviste rechazo o bullying? (Etapa de adolescente)

¿TUS HERIDAS TE HAN LLEVADO A HERIRTE A TI Y A HERIR A LOS DEMÁS? (ETAPA ADOLESCENCIA).
Hemos visto en los capítulos anteriores que las heridas que vivimos en nuestra infancia si no las sanamos nos pueden llevar a conductas auto-destructivas o a herir a otras personas, es importante identificar en esta etapa de la adolescencia, si desarrollaste conductas auto-destructivas como adicción a las drogas, al alcohol, pornografía, compulsión sexual, desórdenes alimenticios, intentos de suicidio, irresponsabilidad académica etc. Identificar y reconocer si hemos herido a otras personas, cuando tenemos heridas emocionales podemos también desarrollar diferentes patrones de conducta y acciones que lastimen a los demás como rebeldía, agresividad de diferentes niveles de intensidad, incluso podemos repetir esos patrones de nuestras heridas haciendo lo mismo que nos hicieron a nosotros, como ahora de adolescente proyectar esas heridas haciendo bullying, es importante que identifiques en tu propia historia si en ésta etapa de tu adolescencia desarrollaste estas conductas, primeramente, lo importante es que

comprendas el origen de esas conductas (la raíz), y segundo: que puedas sacar de tu corazón las emociones que te causaron el herirte a ti o a los demás, culpa, remordimiento, angustia, miedo, auto-castigo, auto-odio, etc. Y tercero: entregarle a DIOS esos recuerdos pidiéndole que te de la gracia de sanarte, perdonarte y cambiar, cuarto: asistir al Sacramento de la confesión donde encontrarás la paz y la misericordia de DIOS.

EJERCICIO PARA TU CORAZÓN

"En DIOS nada es imposible de sanar"
-Gaby Jacoba

1. Describe cuáles eran tus emociones y sentimientos predominantes en la adolescencia.

2. Haz un resumen de tu historia en la adolescencia.

3. ¿Qué patrones auto-destructivos desarrollaste en la adolescencia? (Drogas, desórdenes alimenticios, irresponsabilidad académica, desenfreno sexual, etc.)

*Recuerda llevarle a Jesús
en la oración del corazón lo que escribes.
Y vas identificando de tu historia recuerdos
y emociones, hablando con Él ábrele tu Corazón.*

CAPÍTULO 12
INVENTARIO DE HERIDAS
SIENDO ADULTO

En este capítulo nos enfocaremos en las heridas, circunstancias y relaciones que te han causado dolor ya como adulto, pero el punto principal de crecimiento de este capítulo será también el conectar tus patrones de conducta y emocionales con las heridas de tu niño interior, descubrirás que muchas de las heridas y emociones de tu niño interior están repetidas hoy en tu vida de adulto, porque así con este proceso de sanación, podrás no solo sanar las heridas de tu infancia si no también modificar poco a poco tus patrones de conducta emocionales como adulto, principalmente en las relaciones afectivas y en tu relación contigo mismo con el merecer, lograr tus metas, llevar una vida sana con un cuidado emocional espiritual y físico, lograr ese cambio sanando desde la raíz, te dará las fortalezas interiores para transformar hoy como adulto lo que te lastime y no te deje ser pleno para amar.

PATRONES DE CONDUCTA Y EMOCIONALES REPETIDOS.

En capítulos anteriores vimos que en la infancia se desarrolla nuestra afectividad, apego, autoestima, en conclusión toda nuestra estructura psicoemocional que después repetiremos en la adolescencia y principalmente en nuestra vida como adultos, especialmente en la manera de vernos a nosotros mismos (autoestima) y en nuestras relaciones afectivas pareja, hijos, amigos, jefes, maestros, ejemplo: Si una niña creció con un papá alcohólico que la golpeaba por lo general buscará una pareja que repita los mismos patrones que su papá, ya que son sus patrones conocidos como la agresividad, ofensas y golpes, otro caso si una niña crece en una familia donde el papá continuamente le es infiel a su mamá por lo general como adulta tendrá relaciones con los mismos patrones de infidelidad, otro ejemplo si un niño crece con una mamá agresiva por lo general de adulto su relación de pareja será conflictiva, estos solo son algunos ejemplos y no es así en la totalidad de los casos depende de muchos más factores pero es importante para poder sanar tu vida presente como adulto que puedas identificar qué patrones podrías estar repitiendo, porque solo así podrás cambiarlos desde la raíz y permanentemente.

SANANDO LAS HERIDAS DE RAÍZ (DE LA INFANCIA) PODREMOS SANAR Y COMPRENDER NUESTRA VIDA EN EL PRESENTE.

Al identificar y sanar las heridas de nuestro niño interior y tener el proceso de recuperación, podremos romper esas cadenas inconscientes muchas veces de patrones dolorosos y poco a poco sanar y transformar nuestro presente, desarrollando patrones sanos en nuestras relaciones con los demás y con nosotros mismos, cuando nuestro interior sane, naturalmente nos empezaremos a sentir mejor y a buscar una vida plena de paz y de amor, por eso sanar nuestras heridas es el regalo más grande que nos podemos hacer a nosotros mismos y a los demás, porque encontraremos la verdadera paz.

MINUCIOSO INVENTARIO DE TU RELACIÓN DE PAREJA (NOVIO/A Y MATRIMONIO).
Escribe tu inventario.
Vida Actual

¿Cómo es tu relación con tu pareja?

MINUCIOSO INVENTARIO DE TU RELACIÓN CON TUS HIJOS.
Escribe tu inventario.
Vida Actual

¿Cómo es la relación con tus hijos?

MINUCIOSO INVENTARIO DE TU RELACIÓN CON TU MAMÁ.
Escribe tu inventario.
Vida Actual

¿Cómo es tu relación con tu mamá?

MINUCIOSO INVENTARIO DE TU RELACIÓN CON TU PAPÁ.
Escribe tu inventario.
Vida Actual

¿Cómo es tu relación con tu papá?

MINUCIOSO INVENTARIO DE TU RELACIÓN CON TUS HERMANOS.
Escribe tu inventario.
Vida Actual

¿Cómo es tu relación con tus hermanos?

MINUCIOSO INVENTARIO DE COMO HA SIDO TU DESARROLLO LABORAL.
Escribe tu inventario.
Vida Actual

¿Disfrutas tu trabajo?

MINUCIOSO INVENTARIO DE TU RELACIÓN CON EL DINERO.
Escribe tu inventario.
Vida Actual

¿Llevas una vida ordenada y sana con tu dinero?

MINUCIOSO INVENTARIO DE TU SEXUALIDAD.
Escribe tu inventario.
Vida Actual

¿Cómo es la relación con tu sexualidad?

MINUCIOSO INVENTARIO DE TU AUTOESTIMA.
Escribe tu inventario.
Vida Actual

¿Cómo está tu autoestima?

MINUCIOSO INVENTARIO DE TU ESTADO EMOCIONAL ACTUAL.
Escribe tu inventario.
Vida Actual

¿Cómo te sientes actualmente emocionalmente?

MINUCIOSO INVENTARIO DE CÓMO ERES COMO PAPÁ.

Escribe tu inventario.
Vida Actual

¿Cómo eres como papá?

¿TUS HERIDAS TE HAN LLEVADO A HERIRTE A TI Y A HERIR A LOS DEMÁS? (ETAPA ADULTA).

Como hemos visto anteriormente las heridas de nuestra infancia si no fueron sanadas nos darán diferentes síntomas, y también nos pueden llevar a repetir y causarle heridas a los demás, ya siendo adultos nos tenemos que hacer responsables de nuestras acciones y comportamientos, ya que si no sanamos, podemos caer en repetir el trauma de nuestras heridas de la infancia en los demás y principalmente en nuestras relaciones afectivas, podemos repetir esas mismas heridas en nuestra familia y en nuestros hijos, ya como adultos somos responsables de nuestros actos y responsables de sanarnos y también de corregir las conductas donde nos podemos estar haciendo daño a nosotros mismos, o a los demás (adicciones químicas, sexualidad desenfrenada, desorden económico, vida sin valores y sin moral, materialismo, etc.). También es importante hacer un inventario de las heridas que hemos causado a los demás ya como adultos, ya que la sanación es una acción paralela de trabajar interiormente en identificar nuestras heridas y traumas de raíz en la infancia y con eso, poder comprender nuestras conductas hoy como adultos, pero simultáneamente tenemos que ponerle acción a cambiar y detener las conductas que pueden estar hiriendo a los demás, a continuación, haremos un inventario para que puedas identificar diferentes áreas donde tus heridas te han llevado a lastimar a los demás.

MINUCIOSO INVENTARIO DE CÓMO ERES COMO MAMÁ/PAPÁ.
Escribe tu inventario.
Vida Actual

¿Cómo eres como papá /mamá?

MINUCIOSO INVENTARIO DE CÓMO ERES COMO ESPOSO/A.
Escribe tu inventario.
Vida Actual

¿Cómo eres como esposo/a?

MINUCIOSO INVENTARIO DE QUE TAN RESPONSABLE ERES FINANCIERAMENTE.
Escribe tu inventario.
Vida Actual

¿Cómo manejas tu responsabilidad financiera?

MINUCIOSO INVENTARIO DE QUE TAN RESPONSABLE ERES CON TU TRABAJO.
Escribe tu inventario.
Vida Actual

¿Eses responsable en tu trabajo?

MINUCIOSO INVENTARIO DE COMO ES TU SEXUALIDAD.
Escribe tu inventario.
Vida Actual

¿Cómo es tu sexualidad?

MINUCIOSO INVENTARIO DE ADICCIONES (ALCOHOL, DROGAS, PORNOGRAFÍA, ADICCIÓN SEXUAL, INFIDELIDAD EN TU MATRIMONIO ETC.)
Escribe tu inventario.
Vida Actual

¿Sufres de alguna adicción?

MINUCIOSO INVENTARIO DE RESENTIMIENTOS.
- **FAMILIA** (PADRES, HERMANO/AS, ESPOSO/A, ABUELO/A, TÍO/A, SOBRINO/A, CUÑADO/A, SUEGRO/A ETC.)
- **CONOCIDOS Y CERCANOS** (NOVIO/A, AMISTADES, MAESTROS, VECINOS, COACH DE DEPORTES ETC.)
- **TRABAJO** (JEFES, COORDINADORES, DIRECTORES, COMPAÑEROS, EMPLEADOS ETC.)

Escribe tu inventario.
Vida Actual

A continuación vamos a hacer un inventario de los resentimientos que tengas en tu corazón, después de escribirlos platícalos en oración con Jesús pidiéndole que te sane esas emociones y te de la gracia de perdonar.

RAZONES DE TUS RESENTIMIENTOS

ESTOY RESENTIDO CON:	LA CAUSA

EJERCICIO PARA TU CORAZÓN

"En DIOS nada es imposible de sanar"
—Gaby Jacoba

1. Escribe que patrones de conducta dañinos y defectos de caracter pueden estar lastimando hoy a las personas que amas.

2. Escribe que emociones identificas predominantes que tienes hoy como adulto.

*Recuerda llevarle a Jesús
en la oración del corazón lo que escribes.
Y vas identificando de tu historia recuerdos
y emociones, hablando con Él ábrele tu Corazón.*

CAPÍTULO 13
ENTREGARLE A **JESÚS** MIS HERIDAS

Te felicito, juntos hemos llegado a conocer lo más profundo de tu corazón, de tus recuerdos, el proceso no es fácil lo sé, muchas emociones, sentimientos se han movido dentro de ti incluso te puedes sentir en crisis al identificar tus heridas conectándolas con recuerdos que pueden ser extremadamente dolorosos para ti, y tal vez te sientas que no puedes con tanto dolor, pero este proceso es necesario para sanar tu corazón profundamente, este capítulo marcará un antes y un después en tu vida interior, en tus heridas, en tus emociones y sentimientos ya que es el inicio de una nueva vida dentro de ti, es un proceso de renacer desde tus heridas donde poco a poco iras experimentando la paz que tanto has anhelado y también veras la acción de DIOS en tu corazón, en tus heridas, Él hace nuevas todas las cosas, así que te aseguro que si le abres tu corazón y le muestras tus heridas a Jesús, Él con el fuego de su amor las sanará a su tiempo y de maneras que nunca te hubieras imaginado, en este proceso es importante que dediques tiempo a tu oración del corazón y a visitarlo en el Santísimo ya que en ese encuentro con Jesús empieza tu liberación, no te dejes nada dentro de ti, escucha tu corazón, plática con Jesús todo lo que sientes, todo lo que has movido interiormente, todo lo que has recordado, exprésale todas las emociones que cargas en tu corazón, Él te está esperando para sanarte en su amor.

A JESÚS LE DUELE TU DOLOR.

Jesús conoce cada una de tus heridas, conoce tu sufrimiento, angustia, ansiedad, miedo, conoce todo lo que tu niño interior ha cargado, todo lo que has hecho para sobrevivir a tus heridas y vacío interior, conoce tus carencias de amor y sabe cómo en tu adolescencia y hoy como adulto has desarrollado conductas dañinas hacia ti mismo, hacia los demás, tal vez incluso te has alejado de Él y te has alejado de la gracia de la unión de tu alma con Él, tal vez en tu adolescencia y en tu vida como adulto has cometido errores, te has hundido en adicciones, compulsiones que te han alejado de Él, que te han alejado de la gracia de DIOS, Él te ama y mira tu vida y tu historia completa con ojos de amor, comprensión, misericordia y ternura, a Él le duelen tus heridas, a Jesús le duele tu dolor, Él te ha acompañado y ha estado contigo siempre, aunque el dolor te haya segado, Él ha estado contigo, le duele todo lo que has tenido que sufrir, tomando los caminos equivocados que has tenido que tomar, y te han perdido a ti mismo, Él te busca y te ha traído hasta este momento para con su amor sanarte, restaurarte, liberarte y juntos transformar tu vida que Él soñó para ti y que con su inmenso amor quiere darte, Él te espera y lo único que anhela es que le entregues por completo tu corazón, tus heridas, tus luchas, tus emociones, tu pasado, tu presente y tu futuro, y permitas que Él tome el control de todo tu ser, de todo lo que amas, de todo lo que eres y todo lo que quisieras llegar a hacer, tus sueños y los anhelos, Él los puso dentro de tu corazón, Él tiene un plan para tu vida de amor y de alegría.

ABRIR MI CORAZÓN A JESÚS Y MOSTRÁRSELO.

En capítulos anteriores vimos que el primer paso para sanar nuestras heridas y nuestra historia era identificarlas, conocerlas y pasar por el proceso de analizar y recordar nuestra historia, esa fue tu acción, trabajar en ti, ahora es momento de que le abras a Jesús tu corazón y le muestres todas tus heridas, todos tus recuerdos, todas tus emociones y sentimientos, no le ocultes nada no reprimas ninguna emoción incluso aunque te pueda causar miedo, vergüenza, culpa, cualquier emoción o sentimiento, muéstraselo a Jesús, recuerda que el conoce todas tus heridas incluso más que tú, pero Él quiere que se las muestres, que confíes en Él, que le entregues tu corazón, tu mente, todo tu ser, se lo entregues para sanarlo, cada parte que haces consiente de ti mismo y se la das a Jesús dejando que Él tome posesión de cada parte y de tu corazón, Él las llena con su amor y gracia, cada área de ti mismo y cada herida que haces consciente es un sí al amor de Jesús, y en este proceso tu corazón desde lo más profundo le empieza a pertenecer, Él es el Médico dulcísimo de tu alma y con su amor transformará cada herida en su amor.

LLORAR MIS HERIDAS CON JESÚS.
Nadie sabe la profundidad de tus heridas, la magnitud de tus heridas, como Jesús, llorar tus heridas con Jesús es un proceso que no tiene tiempo, que solo tu sentirás lo que tu corazón necesite llorar por cada una de tus heridas, Jesús quiere que no quede dolor dentro de ti, así que este proceso y el tiempo que tú y tu corazón necesiten para sanar solo tú podrás determinarlo, llorar por tus heridas por el dolor que te han causado por todo lo que te ha desgastado cargarlas y el sufrimiento constante que tu niño interior injustamente ha tenido que arrastrar día con día, llorar las carencias que tal vez tu niño interior tuvo, o la soledad en la que creció al estar sobreviviendo a las heridas, llorar las secuelas que solo tú sabes cuales son, y todas las áreas que te han afectado, tal vez nunca pudiste disfrutar ser niño, porque una parte dentro de ti estaba sufriendo, angustiado, con miedo y enojado, solo tú y Jesús saben lo que has cargado hasta llegar a hoy, las batallas diarias por

sobrevivir a pesar de sentirte lastimado, solo tú sabes todo lo que no pudiste jugar o disfrutar de una familia funcional, solo tú sabes el dolor tan profundo que pudiste sentir de niño al no sentirte amado, valorado y cuidado, solo tú sabes los días de confusión, ansiedad y abandono que pudiste vivir, a lo mejor viviste la ausencia de uno de tus padres, esa ausencia que día a día desgarra tu corazón, o a lo mejor viviste la angustia y el miedo de tener un padre alcohólico donde podrás experimentar gritos, golpes, insultos y ver a tu mamá hundida en la desesperación y tristeza, a lo mejor fuiste un niño o una niña golpeada físicamente donde no era un golpe por solo una llamada de atención, tal vez fuiste víctima de un padre o una madre violenta, en la que solo el contacto físico que tuviste de tu mamá o tu papá fue a través de los golpes donde el dolor físico se quedaba chiquito a comparación de cómo cada golpe rompió tu corazón, y tu autoestima, tal vez fuiste un niño que vivió el dolor de la muerte de uno de tus padres y has cargado toda tu vida esa ausencia, o tal vez experimentaste como tu familia se rompió a la mitad al vivir el divorcio de tus padres, o tal vez también viviste una de las experiencias más traumáticas para un niño el ser víctima de abuso sexual, de parte de alguna persona que amabas y en la que confiabas, y experimentaste no solo el dolor, la culpa inmerecida, la vergüenza y el terror, si no también sentir tu cuerpo fragmentado con huellas invisibles tal vez para los ojos de los demás, pero para ti las huellas del abuso sexual siguen presentes en tu cuerpo, mente y corazón, como en otros capítulos lo hemos visto, tu historia y la combinación de emociones que te generó tu historia, es única y solo tú sabes lo que has vivido y el sufrimiento que has cargado hasta hoy, por eso es sumamente importante que tú mismo lo valides y te des el tiempo que necesites para sanar y vaciar tu corazón y tu mente de lo que solo tú y Jesús saben lo que has cargado hasta hoy, llora y siente todo lo que necesites hasta que encuentres descanso, es tu tiempo y Jesús te está esperando, Él es tu médico y anhela escucharte y sanar cada una de tus heridas con el infinito amor que te tiene.

GABY JACOBA

LLORAR MIS HERIDAS CON **JESÚS**

SACAR DE TU CORAZÓN LAS EMOCIONES DE TUS HERIDAS HABLÁNDOLAS CON JESÚS.

Anteriormente te compartí que la sanación de las heridas emocionales se parece a la sanación de las heridas físicas, la acción principal en una herida física grave que está infectada es limpiarla, extrayendo la infección porque solo así podrás sanar y cicatrizar, una herida que está infectada nunca podrá cerrar y cicatrizar, lo mismo pasa con las heridas emocionales, no sanan, no dejan de doler y no podemos resolver el trauma si primero no sacamos de nuestro corazón de nuestra psique las emociones que nos causó la herida, este proceso de depurar nuestro corazón, de expulsar todas las emociones que nos han causado nuestras heridas y que hemos cargado hasta hoy, marca un antes y un después en nuestra vida interior, te podría decir que es el punto más importante de la recuperación, el permitirte sentir, llorar, enojarte y el experimentar una profunda tristeza o lo que necesites para sanar, lo importante es, que todas esas emociones las saques de tu corazón y se las expreses a Jesús, le platiques las veces que necesites y el tiempo que necesites, exprésale todo lo que sientes a Jesús, háblale de los recuerdos, de todo lo que has hecho para sobrevivir a tus heridas, vacía tu corazón totalmente ya que así sanará tu corazón, al expresarle a Jesús tus emociones, sentimientos, tus pensamientos, sentirás un gran alivio dentro de ti, y permitirás que Jesús el médico de tu alma empiece a sanar tus heridas, no solo sanará tus heridas, sino te unirás desde la raíz de tu ser a Él, y experimentarás y vivirás la fuerza de su amor que poco a poco sustituirá todas esas emociones con su amor y su paz, haciendo tu corazón pertenencia de Él.

- *Dolor.*

El dolor es la primera reacción emocional que sentimos al recibir una herida, el dolor emocional lo tenemos que llorar y expresar para sacarlo de nuestro corazón, ya que, así como las otras emociones si no las expresamos se quedan encapsuladas dentro de nosotros, dejarte sentir el dolor emocional de tus heridas, aceptarlo y validarlo es necesario para poder cruzarlo, y expulsarlo de tu corazón, el tiempo que te sea necesario, solo tú sabes la cantidad de dolor que llevas dentro de ti, es momento de validarlo y darte el tiempo y el espacio que sea necesario para enfrentarlo, sentirlo y llorarlo, hasta expulsarlo totalmente de ti.

Culpa inmerecida.

Otra emoción que tienes que expulsar de tu corazón es la culpa, la culpa inmerecida, en los capítulos anteriores hablamos que los niños muchas veces se culpan de las situaciones traumáticas y heridas que reciben porque no tienen la capacidad ni la madurez para resolver y comprender la experiencia traumática que vivieron, así que muchas veces el culparse a sí mismo es la manera que puede sobrevivir a un trauma, quedándose dentro de su ser el sentimiento de culpabilidad, que lo daña profundamente, porque no solo distorsiona la verdad de la experiencia, sino al colocarse como culpable donde en realidad es víctima, queda encarcelado interiormente en una culpa inmerecida que lo llevará a auto-castigarse, odiarse, reprocharse, boicotearse y cargar una culpabilidad injustamente que le afectará en todas las áreas de su vida, poder hablar de esa culpa con Jesús, expresar el dolor de haber cargado el peso tan grande de la culpabilidad, expresarle a Jesús el enojo que injustamente volteaste y vertiste hacia ti mismo para justificar a quien te lastimó, el expresar la culpa y entender que desde niño has cargado una culpa que es la llave de tu liberación interior de la culpa inmerecida.

> *Ira.*

Otra reacción natural a una herida es el enojo, la ira, la molestia, es importante que te permitas sentir enojo por las heridas que sufrió tu niño interior, y expresarlas a Jesús, muchas veces podemos reprimir el enojo hacia quien le causó las heridas a nuestro niño interior, pero recuerda que Jesús conoce todas tus emociones y sentimientos y Él quiere que se los expreses para poderles sanar, validar todas las emociones de nuestro niño interior es empezarlo a cuidar, sanar, proteger y liberar (recuerda que te mencioné en diferentes capítulos que el proceso de sanación es en tu interior, en la intimidad con Jesús compartiéndolo con tu guía espiritual, tu sacerdote y con tu terapeuta o grupo de apoyo), enojarte por las heridas que experimentó tu niño interior es indispensable para poder sanarlas y llegar a la paz verdadera y al perdón de raíz.

> *Miedo.*

Otra emoción que experimentó tu niño interior es el miedo, lo puede haber sentido de diferentes maneras como miedo al agresor, miedo a que se repita la agresión, o tal vez recibiste alguna amenaza de abandono, de castigos, golpes, miedo al abandono de alguno de tus padres, miedo de ver pelear a tus papás, etc. Es importante que puedas expresar ese miedo, esa incertidumbre, que se convierte en un estado de alerta constante si creciste en alguna familia disfuncional, al hablar de tus miedos irán disminuyendo poco a poco.

VALIDAR TODAS LAS EMOCIONES Y SENTIMIENTOS DE TUS HERIDAS.

Acabamos de ver las emociones básicas de una herida, pero puedes sentir muchas más, ya que tu historia es única como tú eres único, con una sensibilidad y un temperamento que solo tú puedes saber toda la mezcla de emociones y la intensidad de ellas que sentiste de niño y también en tu adolescencia y hoy como adulto, para sanar y poderlas expulsar de tu corazón es indispensable que identifiques una por una, yendo de la más intensa y predominante a la menos intensa, entre más identifiques tus emociones y se las puedas llevar a Jesús, para expresarlas, llorarlas, enfrentarlas y aceptarlas, más te podrás liberar de ellas, dejando tu corazón libre de toda esa carga, a continuación, vamos a ver una lista de la mayoría de las emociones y sentimientos.

LISTA DE EMOCIONES, PATRONES Y ESTADOS EMOCIONALES

DOLOR	MIEDO	ENOJO	CULPA
TRISTEZA	ANGUSTIA	IRA	VERGUENZA
DESOLACIÓN	TEMOR	RABIA	PENA
AFLICCIÓN	PÁNICO	RESENTIMIENTO	INQUIETUD
DESCONSUELO	PREOCUPACIÓN	FURIA	REMORDIMIENTO
MALANCOLÍA	DESASOCIEGO	INDIGNACIÓN	AUTO-CASTIGO
SOLEDAD	ANSIEDAD	CORAJE	AUTO-CRÍTICA
DEPRESIÓN	INCERTIDUMBRE	ODIO	AUTO-ODIO
DESESPERACIÓN	INQUIETUD	IMPOTENCIA	AGOTAMIENTO
	TERROR		RECRIMINARSE

DIFERENTES ETAPAS DEL PROCESO DE SANACIÓN DE UNA HERIDA (DUELO).

Así como vimos cómo se asemejan las heridas físicas a las emocionales, en este punto vamos a ver las diferentes etapas que se pasan en el proceso de sanar una herida, ejemplo: Así como cuando una herida profunda tiene muchas capas de la piel, pasa por la dermis, epidermis y diferentes capas de la estructura de nuestro cuerpo dependiendo la profundidad de la herida y la gravedad, parecido es el proceso de sanar una herida, vamos pasando por diferentes capas y etapas en la sanación (el mecanismo será siempre el mismo, entregarle a Jesús todo lo que sentimos día a día y expresarle todo lo que hay en tu corazón), todas las heridas tienen que pasar por el mismo proceso, cuando identificamos, recordamos y conectamos con una herida pasamos por el miedo, la sorpresa, la confusión y el dolor de identificar y recordar una experiencia traumática, después pasamos a sentir indignación, enojo y resentimiento al darnos cuenta de la injusticia de haber vivido esa experiencia traumática, después pasamos a la incertidumbre, desconsuelo para después pasar a tocar el punto más profundo de la herida que es el dolor, la frustración, la tristeza, es el momento en que tocamos el fondo de la herida, incluso nos podemos sentir en un estado de desánimo y depresión por cierto tiempo, pero es necesario ya que desde ese fondo empezará el proceso de renacer desde esa herida, de resurgir desde el fondo más profundo de tu corazón y de tu dolor, de empezar a experimentar la sanación profunda, la paz de tu corazón, ese espacio que antes ocupaba el dolor, el miedo, la culpa, la soledad, la tristeza, el enojo y el resentimiento ha quedado vacío y Jesús lo llenará de su Santo Espíritu, de su presencia, de su infinito amor por ti, desde ese punto naturalmente empieza también la cicatrización de tu herida y surge el perdón desde la raíz hasta llegar a la cicatrización total, la tranquilidad y paz de tu corazón como también la libertad interior, hasta lograr la cicatrización total, al integrar tu herida, la herida de tu niño interior, y también las heridas de tu adolescencia y etapa de adulto, y esas heridas se vuelven fortalezas, misiones, aprendizaje y el inicio de una transformación total de todo tu ser, y a la vez tu corazón ira quedando íntimamente y profundamente unido a Jesús, empezarás a vivir en su amor, y este amor sanará, reestructurará, encausará y transformará todo tu ser hacia una nueva vida dentro de ti, que te impulsará poco a poco y te dará la fuerza para también transformar las diferentes áreas de tu vida que quieras sanar.

CICLO DE CURACIÓN DE UNA HERIDA

1. Identifico mi herida

2. Entrego a JESÚS toda mi herida

3. Decirle y expresarle a **JESÚS** las emociones que causan mis heridas (dolor, ira, miedo, culpa, vergüenza) Vaciar mi Corazón en el **Corazón de JESÚS**

4. En el amor de **DIOS** sano mis heridas (sacramentos oración)

⬇

PERDÓN DE RAÍZ

CICLO CONSTANTE DE SANACIÓN DE UNA HERIDA.

Quiero compartirte esta gráfica que diseñé, donde se resumen los procesos más importantes de mi método para sanar una herida emocional (trauma), y que la podrás aplicar en todas las heridas de tu vida, donde también te ayudará a estar en un constante crecimiento psicológico, emocional y espiritual, te servirá para sanar las heridas de tu vida, las de tu niño interior, las vividas en tu adolescencia y en las diferentes áreas y etapas en tu vida ya como adulto, lo importante para sanar es la acción y el trabajo continuo dentro de ti, que te llevará a una salud psicológica y emocional y a un crecimiento constante espiritual, profundizando tu relación con Jesús y conectándote desde tu corazón a una vida espiritual y de Sacramentos, entre más vacía este tu alma de ti mismo (heridas, adicciones, conductas auto-destructivas, anti-valores, compulsiones y pecados) más habitará el Espíritu Santo plenamente en ella y entre más el Espíritu Santo tenga espacio en tu alma, vivirás los frutos de su presencia (los frutos del Espíritu Santo) y empezarás así a vivir el cielo en tu alma y tu corazón, en esta gráfica te resumo las acciones principales para sanar cualquier herida emocional.

Paso 1: Identificar tu herida, en todo este proceso que hemos caminado juntos para ayudarte a comprender y a identificar tus propias heridas, hemos analizado muchas áreas de la sanación, pero a este punto del proceso estoy casi segura que ya tienes identificadas tus propias heridas (las de tu niño interior, adolescencia y etapa adulta), el tener identificadas tus heridas ya es un gran avance en el proceso para sanarlas.

Paso 2: Al ya tener identificadas tus heridas y conectados tus recuerdos y emociones le entregas a Jesús en la oración del corazón toda tu herida.

Paso 3: Le expresas a Jesús y le compartes todas las emociones, sentimientos y pensamientos que te causa la herida, vacías todo tu corazón sin reserva en el corazón de Jesús.

Paso 4: En ese encuentro, intimidad y confianza con Jesús empieza a sanar tu herida desde la raíz.

Después de pasar todos los procesos y vaciar por completo y totalmente las emociones de la herida empezará el proceso del perdón y de cicatrización, donde los Sacramentos, la oración y principalmente la Eucaristía y oración al Santísimo serán las medicinas de tu alma hasta lograr la curación total.

TRABAJAR EN TU HERIDA HASTA SENTIR UN ALIVIO TOTAL.

Un punto determinante en el proceso de sanar tus heridas es que es necesario el proceso continuo de llevarle a Jesús tus heridas y tus emociones hasta que te sientas aliviado (el tiempo y las veces necesarias que tengas que trabajar en ellas solo tú lo decidirás en base a como te sientas y al alivio y la disminución del dolor que sientas) hay heridas más fáciles de sanar que otras y hay heridas mucho más profundas y complicadas que te llevarán un tiempo más largo para sanarlas, lo importante es que el proceso lo hagas continuo es decir trata de diario dedicarle mínimo 30 minutos para ir a tu rincón de sanación con Jesús y llevarle lo que sientes en ese día en oración, hablar con Jesús de todas tus emociones y de la etapa de sanación que vayas viviendo ahora.

MEDICINA DE MI ALMA (LA SANTA MISA, LA EUCARISTÍA, ADORACIÓN AL SANTÍSIMO, LA CONFESIÓN Y EL REZO DEL SANTO ROSARIO).

La Santa Misa (Eucaristía DIOS Vivo).

Al vaciar nuestro corazón de nuestras heridas, emociones, conflictos internos, desgaste emocional, del desgaste de sobrevivir a las heridas y huir de ellas, después de vaciar nuestro corazón, Jesús lo ira llenando de su amor, la medicina de nuestra alma con la que podamos nutrir y fortalecer nuestro ser y nuestro corazón, llevando una vida de unión con DIOS a través de los Sacramentos y la Oración.

La Santa Misa nos sana y renueva, la palabra de DIOS nos alimenta y nos enseña a vivir imitando las enseñanzas de Jesús, en la Santa Misa se realiza el milagro más grande La Santa Eucaristía que es el cuerpo y la sangre de Cristo y es el principal alimento y fortaleza del alma, ya que nos une profundamente a la inmensidad de su amor, llena nuestra alma de todas las gracias de DIOS, nos sana y restaura con su divino amor, la Santa Eucaristía es una fuente inagotable del amor de DIOS que sana y transforma lo más profundo de nuestra alma, La Santa Eucaristía es el milagro del amor, Jesús vivo.

Adoración al Santísimo Sacramento.

El Santísimo es el cielo en la tierra, es el hospital espiritual de las almas, ya que Jesús, Médico de nuestras almas está vivo y presente con todo su poder y divinidad irradiando de su Sagrado Corazón amor y toda la hermosura que contiene su divino corazón, el Santísimo es un pedazo de cielo en la tierra, y ahí tu alma y corazón encontrarán la inmensidad de la paz de DIOS, llévale a Jesús Sacramentado tus heridas, tus recuerdos, tu dolor, tus miedos, tus anhelos, llévale todo tu corazón, Él te espera para darte su amor infinito y su paz, trata de visitarlo mínimo una vez por semana, acompáñalo, dale tu tiempo y amor, contempla su hermosura, Él te espera para aliviarte e iluminar tu alma y saciarla con su amor.

La confesión.

La confesión te reconcilia con DIOS, te sana y te ayuda a transformarte, te da la gracia para trabajar constantemente en ti, para cuidar tu estado de gracia te libera y te da la paz de DIOS, te sugiero ir al Sacramento de la confesión mínimo una vez al mes y busques un sacerdote para recibir continuamente guía espiritual, te ayudará mucho en todo este proceso de sanación y transformación en el amor de Cristo.

El Santo Rosario.

Después de la Santa Misa el Santo Rosario es la oración más perfecta porque ahí recorremos la vida de Jesús, de la mano de María nuestra madre, en el cual nos une a Jesús a través de su dulzura maternal.

El rezar el Santo Rosario da frutos en lo más profundo de nuestra alma.

Puedes rezar el Santo Rosario y ofrecer cada misterio pidiendo la intersección de María para sanar determinada herida, recuerdo y emoción incluso para pedir las gracias necesarias para perdonar o perdonarte para trasformar las áreas de tu vida que necesites cambiar, el Santo Rosario te ayudará a sanar y a encontrar la paz y el consuelo en el Corazón Inmaculado de María nuestra madre.

SANAR EN EL AMOR MATERNAL DE MARÍA NUESTRA MADRE.

Abrirle nuestro corazón al amor maternal de María nuestra madre sana muchas áreas interiores de nuestro corazón pero principalmente el vínculo materno, pedirle a mamá María que con su amor y ternura maternal sane el corazón de nuestro niño interior de sus carencias afectivas, o de otras heridas que tengamos y así encontrar en ella el amor, el cuidado, el ejemplo y la protección de Nuestra Madre del cielo, sanaremos en su amor maternal encontrando en ella un refugio para nuestro corazón lastimado y con carencias afectivas, María es tu madre pídele que te cuide, como cuidaba a Jesús, que te abrace como abrazaba a Jesús en su amor maternal sanarás diferentes áreas de tu corazón.

SANAR EN EL AMOR Y EJEMPLO PATERNAL DE SAN JOSÉ.

En San José padre adoptivo de Jesús y protector de la Sagrada Familia podemos encontrar el ejemplo y modelo de un padre amoroso que nos ayude a sanar nuestro vínculo paterno podemos pedirle a San José que con su amor y protección nos ayude a sanar las heridas y carencias de nuestra relación afectiva con nuestro padre, en la imagen de un padre lleno del amor y ternura de DIOS como lo fue San José.

San José cuidó a Jesús y a la Virgen María, en el podemos ver las virtudes de un padre de familia y el ejemplo de un hombre de DIOS.

Pídele en Oración a San José que te ayude a sanar y a encontrar en su amor y ejemplo un modelo de padre, pídele que te ayude a sanar tu vínculo paterno en su amor y protección.

EJERCICIO PARA TU CORAZÓN

"En DIOS nada es imposible de sanar"
 -Gaby Jacoba

Escríbele una carta a Jesús entregándole todas las heridas de tu corazón.

*Recuerda llevarle a Jesús
en la oración del corazón lo que escribes.
Y vas identificando de tu historia recuerdos
y emociones, hablando con Él ábrele tu Corazón.*

CAPÍTULO 14
ENTREGARLE AL DIVINO NIÑO JESÚS MI NIÑO INTERIOR

SANAR EL CORAZÓN DE TU NIÑO INTERIOR EN EL CORAZÓN DEL DIVINO NIÑO JESÚS.

En el Sagrado Corazón del divino niño Jesús esta la sanación del corazón de tu niño interior lastimado y tal vez con muchas carencias de amor, cariño y compañía.

Con ganas de jugar pero tal vez la tristeza, la angustia y la confusión te quitaron las fuerzas para jugar y pasaste muchos años de tu infancia sobreviviendo emocionalmente y perdiste la alegría de la infancia, cuando de niños tuvimos heridas emocionales graves y situaciones traumáticas que nos marcaron, no solo las consecuencias son las heridas si no también todo lo que perdemos.

Es importante también identificar las pérdidas de lo que no pudimos vivir y disfrutar en la infancia, el juego, la imaginación, la creatividad, la inocencia, diversión, alegría, risas, fantasía, etc.

El divino Niño Jesús experimentó la alegría de la infancia.

Entregarle al divino Niño Jesús el corazón de nuestro niño interior, es platicarle nuestra historia, mostrarle nuestras heridas, incluso llorarlas con Él, como el mejor amigo de tu niño interior llevarlo contigo a tus recuerdos y contarle todo lo que sientes platícale tus pérdidas, platícale si tal vez tenías ganas de jugar y practicar algún deporte y no pudiste o si en lugar de salir a jugar con tus amigos te encerrabas en tu cuarto a llorar o si tenías miedo de ir a la escuela porque te hacían bullying o te rechazaban, platícale todos los juegos que no jugaste por estar triste, o la angustia que sentías cuando escuchabas a tus papás pelear o el dolor que sentiste cuando tu papá abandonó tu casa y te tuviste que hacer responsable del peso de la familia incluso, dejando las actividades de niño para trabajar.

Platícale que tal vez tu mamá tenía que trabajar y te sentías solo en casa y confundido, o que viviste acoso y abuso sexual de un maestro y eso te lleno de vergüenza y miedo y dejaste de disfrutar tu infancia, también platícale de tus recuerdos felices, de tus juegos favoritos, de tus veranos con tus amigos, o tus vacaciones, platícale tus deportes y películas favoritas.

Que el divino Niño Jesús sea el mejor amigo de tu niño interior, que conozca todo de ti, de tus recuerdos de tu historia, pídele que sane tus heridas y sobre todo pídele que se quede en tu corazón como el mejor amigo de tu niño interior, que lo acompañe siempre y lo llene de su inmenso amor y ternura, que lo cuide y le de la gracia de volver a sonreír y recobrar la paz y la alegría de vivir, que con su dulce amor el corazón de tu niño interior sane totalmente.

EJERCICIO PARA TU CORAZÓN

"En DIOS nada es imposible de sanar"
 -Gaby Jacoba

Escríbele una carta al divino niño Jesús diciendo que le entregas a tu niño interior y pídele que cuide de el.

*Recuerda llevarle a Jesús
en la oración del corazón lo que escribes.
Y vas identificando de tu historia recuerdos
y emociones, hablando con Él ábrele tu Corazón.*

CAPÍTULO 15
PERDONAR
DESDE LA RAÍZ

CICATRIZACIÓN DE LA HERIDA (PERDÓN EMOCIONAL).

Así como hemos visto la similitud durante todo el proceso y hemos comparado la sanación de las heridas físicas con las heridas emocionales cuando una herida física se limpia, se depura la infección y queda completamente limpia, naturalmente empieza con el proceso de cicatrización, y la cicatrización empieza desde lo más profundo de la herida, desde la raíz de la herida, y empieza a cerrar y a sanar de adentro hacia afuera capa por capa, hasta cerrar completamente, nos quedará una marca, pero ya no nos dolerá la cicatriz, solo será una marca de una herida que ya sanó, esa misma similitud tiene el proceso de la cicatrización de todas las heridas emocionales, al expulsar y expresar todas las emociones y sentimientos que nos causó la herida y al entregarle a Jesús toda nuestra vida naturalmente y con la acción sanadora de DIOS, en ella cerrará desde la raíz de adentro hacia afuera, sanando todas las capas interiores hasta llegar a cerrar y cicatrizar completamente.

Naturalmente llegamos a la raíz del perdón, significa que la herida ya no duele y que ya no estamos sometidos a un estado interior de sufrimiento que da paso al perdón desde lo más profundo de nuestro corazón llevándonos a un estado de paz y libertad, ya que al sanar la herida se rompe la cadena del resentimiento y se da paso a la libertad.

¿CÓMO SABER QUE MI HERIDA SE HA SANADO COMPLETAMENTE?

Ay heridas que pueden llevar un proceso más largo que otras para sanar totalmente ya que muchas veces las heridas más profundas y graves se necesitan trabajar en ellas a nivel emocional por más tiempo ya que las heridas profundas tienen capas y es necesario que proceses las emociones de cada capa y sabrás que tu herida ha sanado.

Cuando al recordar la experiencia ya no te duela, ese es el indicador de que tu herida ha sanado totalmente, también cuando los síntomas empiezan a disminuir y surge dentro de ti la alegría de vivir, sientes paz interior y un impulso por transformar y sanar diferentes áreas de tu vida, te sientes libre para amar desde el amor de DIOS, ya que el perdón emocional cierra el ciclo de la herida.

PEDIRLE A DIOS LA GRACIA DEL PERDÓN.

Sé que hay heridas más fáciles de sanar que otras, y así mismo hay heridas que nos cuesta más trabajo perdonar a quien las causó, ya que pueden ser muy profundas y tendremos que trabajar en ellas más tiempo, tal vez los daños que nos causaron esas heridas son irreparables y nos cueste más trabajo perdonar desde la raíz, es necesario pedirle a DIOS la gracia para perdonar desde el fondo de nuestro corazón, ya que al no perdonar nuestro corazón queda atado y encadenado y no logramos la verdadera libertad y paz, el perdón libera y te da la libertad para iniciar una nueva vida, el resentimiento y la renuencia a perdonar causa amargura al corazón y no podremos llegar a la plenitud del amor sin perdonar, el perdón es el inicio de una nueva vida dentro de ti, es amar como Jesús nos enseñó.

JESÚS NOS ENSEÑÓ A PERDONAR.

Jesús con su vida y con su ejemplo nos enseñó a perdonar, Él quiere que perdones porque solo así tu corazón estará libre para recibir en plenitud su amor y así poder amar con el amor de DIOS, ese es el fin del proceso de sanación, quedar completamente libres para amar.

PEDIRLE A JESÚS LA GRACIA DE PODER VER A TU AGRESOR (CAUSANTE DE TUS HERIDAS) COMO ÉL LO VE.

Jesús nos mira con misericordia a cada uno de nosotros, Él ve nuestro corazón y comprende todo lo que hay en el, pídele a Jesús en la oración la gracia de poder ver a tu agresor con la misericordia que Él lo ve, qué puedas mirarle con misericordia que puedas orar por el o ella pidiéndole a DIOS por su sanación y libertad interior.

EJERCICIO PARA TU CORAZÓN

"En DIOS nada es imposible de sanar"
-Gaby Jacoba

1. Escríbele una carta a Jesús pidiéndole la gracia de perdonar a quien o a quienes te han causado tus heridas.

2. Escribe una carta a tu agresor (esta carta es solo para ti de trabajo de sanación, **NO PARA ENVIARLA**) describiendo la o las heridas y las secuelas que te causaron esas heridas diciéndole que le perdonas y le liberas.

*Recuerda llevarle a Jesús
en la oración del corazón lo que escribes.
Y vas identificando de tu historia recuerdos
y emociones, hablando con Él ábrele tu Corazón.*

CAPÍTULO 16
PERDONARTE A TI MISMO
(ETAPA ADOLESCENCIA Y ADULTA)

SANAR EN LA MISERICORDIA DE DIOS.

Otra área del proceso de sanar nuestro corazón es liberarnos de la culpa, remordimiento, vergüenza, por los errores y heridas que hemos causado a los demás o a nosotros mismos, cuando éramos adolescentes o hoy como adultos.

El proceso de sanar y comprender las heridas que sufrimos en la infancia nos ayudará a comprender nuestras acciones en nuestra adolescencia, y de hoy como adultos para que desde el amor y la comprensión por nosotros mismos cambiemos y dejemos las piedras de la culpa, del remordimiento y encontremos la libertad y el perdón a nosotros mismos en la misericordia de DIOS.

Jesús mira nuestros errores y los daños que hemos causado a los demás con misericordia, Él ve el fondo de nuestro corazón herido y lleno de dolor, Él sabe que nuestras heridas de niños nos llevan a herir, a equivocarnos y a tomar caminos de extravío, Él conoce toda nuestra historia y conoce tu corazón, Él quiere sanarnos y liberarnos en su amor y misericordia quiere transformarte y que lleves una vida en Él de paz y plenitud renaciendo en su amor dejando y cambiando las conductas que lastiman a los demás con la fuerza de su amor, el Sacramento de la Confesión te sana y libera dándote la gracia de DIOS para recibir su amor.

REPARAR DAÑOS Y PEDIR PERDÓN POR LAS HERIDAS QUE HEMOS CAUSADO.

Un paso muy importante es: Reparar los daños emocionales que hemos causado a los demás, esto nos sana y nos libera y sana a la persona que lastimamos también, el primer paso es pedir perdón de corazón reconociendo el daño causado y admitiendo que tu conducta estaba equivocada y el segundo paso es cambiar y dejar de repetir la misma conducta con la que has lastimado, eso le ayuda a la persona que has lastimado a sanar.

El mejor regalo que le puedes dar a alguien que has lastimado es tu cambio profundo y verdadero, pídele a Jesús te guíe y ayude a hacer todo lo que este en tus manos para reparar las heridas que has causado a otros, y la gracia para tener un cambio permanente a través de su amor.

PERDONARTE A TI MISMO.

Este método de sanación interior como te compartía desde un principio es de una sanación desde lo más profundo de tu ser, y la raíz de esa sanación primeramente es identificar y conocer las heridas de tu niñez, donde se configuró toda tu estructura emocional, vimos que en la adolescencia y en la etapa adulta repetimos las mismas heridas, los mismos patrones de conducta que aprendimos en nuestro núcleo familiar y que también de esas heridas de la niñez se desarrollaban síntomas y algunos eran dañinos, el comprender hoy como adulto tu historia, tus heridas y todo por lo que has vivido, te ayuda a perdonarte a ti mismo por las heridas que has causado o te causaste en la adolescencia y principalmente como adulto, perdonarte a ti mismo al comprender tu comportamiento y acciones a través de las heridas de tu historia, te debe de llevar a un cambio profundo, verdadero y permanente, ya que como adulto somos responsables de nuestro comportamiento y parte de una sanación verdadera, es ya no repetir con nuestro esposo/a e hijos y los demás el mismo daño que viviste tú de niño, al sanar tu historia a tu niño interior y poner a DIOS como centro de tu vida podrás romper las cadenas y construir una familia, un matrimonio y formar hijos sanos llenos de amor y salud emocional, ese es el ciclo completo de sanación, el sanar la raíz de tu historia para que a través de tu renovación interior y salud emocional puedas transformar a través del amor de DIOS tu presente y tu futuro, y romper todas las cadenas de sufrimiento de tu pasado.

¿QUÉ SIGNIFICA MISERICORDIA?

Vamos a ver que significa la palabra etimológicamente del latín. **Misericordia-Miseree** (miseria, necesidad), **cor, cordis** (corazón) e **ia** (hacia los demás); significa tener el corazón solidario con aquellos que tienen necesidad, Jesús ve nuestro corazón con misericordia, Él ve las heridas y las carencias de nuestro corazón, nuestros sufrimientos y ve la raíz de nuestros errores.

Lo único que quiere es que regresemos a su amor y dejemos las conductas que nos lastiman, o con las que lastimamos a los demás, y aceptemos el inmenso amor que nos tiene y en ese amor trasformarnos.

DEJARTE ABRAZAR Y TRANSFORMAR POR LA MISERICORDIA.

Empezar a sanar y amarte a ti mismo es perdonarte y dejarte abrazar y trasformar por el amor de DIOS es levantar tu mirada y poner tu mirada interior en su amor y dejarte renovar y abrazar por su amor y misericordia, es darle tu corazón lastimado, cansado, confundido lleno de remordimientos y culpas, incluso ya sin fuerzas para seguir y dejar que la fuerza del amor misericordioso de DIOS rompa todas las cadenas y renazcas en su amor, es empezar una vida nueva dentro de ti uniendo tu corazón al Sagrado Corazón de Jesús, es dejar atrás el pasado para construir de la mano de DIOS un nuevo futuro, es permitir y recibir la esperanza y la alegría de empezar una nueva vida en Jesús.

EJERCICIO PARA TU CORAZÓN

"En DIOS nada es imposible de sanar"
—Gaby Jacoba

Escribe una lista de todo lo que quieres perdonarte a ti mismo.

*Recuerda llevarle a Jesús
en la oración del corazón lo que escribes.
Y vas identificando de tu historia recuerdos
y emociones, hablando con Él ábrele tu Corazón.*

SANANDO MI CORAZÓN

SANAR TE TRANSFORMA EL CORAZÓN

151

CAPÍTULO 17
PROGRAMA DE **TRANSFORMACIÓN** CONTINUA DE MI CORAZÓN

DESPUÉS DE SANAR MI CORAZÓN ¿QUÉ SIGUE?

La respuesta es renacer en el amor de DIOS transformándonos interiormente, activando el amor en nuestra vida volviéndonos testimonio del amor de DIOS.

Con nuestra forma de vivir y actuar, llevando ese amor a los demás y convertir nuestras heridas en un signo y testimonio de que **en DIOS nada es imposible de sanar.**

Ha sido un viaje muy intenso, pero a la vez maravilloso, ya estamos llegando a la etapa del proceso de transformación, la finalidad de la sanación interior es lograr una transformación desde la raíz de nuestro ser, es renacer desde el amor de DIOS y a través de su amor vivir amándolo y amando.

La meta de este método de sanación es la transformación y purificación de nuestro corazón, llevándonos a vivir una vida en el amor de DIOS, haciendo un trabajo constante de sanación, transformación y purificación, vaciando nuestro corazón para llenarlo del amor de DIOS, sanar nuestro corazón primeramente de nuestras heridas para después pasar a un proceso constante de transformación y purificación, limpiando nuestro corazón de todo lo que nos aleja del amor de DIOS, y llenándolo de su amor, llevando una vida en la búsqueda de la santidad, Sacramentos y de vida en el espíritu.

SANANDO MI CORAZÓN

⊖ VACIAR CONSTANTEMENTE MI CORAZÓN	**⊕ LLENAR CONSTANTEMENTE MI CORAZÓN**

VACIAR:

- LAS EMOCIONES DE MIS HERIDAS
- MI VOLUNTAD
- PATRONES DE CONDUCTA DAÑINOS
- VICIOS
- APEGOS MATERIALES
- PECADOS CAPITALES Y MORTALES

- ORACIÓN DEL CORAZÓN
- SACRAMENTOS
- EUCARISTÍA
- OBRAS DE MISERICORDIA
- SERVICIO AL PRÓJIMO
- AUTO-CUIDADO; ESPIRITUAL, EMOCIONAL, PSICOLÓGICO Y FÍSICO
- VIRTUDES
- VALORES

©

¿CÓMO DIOS QUIERE QUE PIENSE, ACTÚE Y VIVA?

Esta etapa de la transformación es de cambios profundos interiores, reflexión, análisis y de acción, al sanar nuestro corazón y renovarse hay un cambio profundo dentro de nuestro ser que tenemos que también trasladar a nuestra manera de vivir, así el efecto que vimos anteriormente, que generaban las heridas de nuestro corazón, en nuestra forma de vivir con síntomas y patrones de conducta dañinos, anti-valores, vicios y adicciones, el mismo efecto genera un corazón que ya empieza a sanar y a transformar todo lo que las heridas causaban negativamente en nosotros, se empiezan a desvanecer, a modificar y derrumbar, es como cuando los cimientos de un edificio estaban desajustados el edificio se tambalea, sanar profundamente es quitar toda esa construcción y poner cimientos nuevos, firmes y bien hechos y construir de nuevo, así mismo cuando se sanan las raíces de nuestro corazón tenemos que modificar y construir de nuevo nuestras estructuras, derribar las estructuras viejas y dañadas y construir de nuevo, después de sanar nuestro corazón, nuestro siguiente paso es el cambio, la conversión y la transformación, convertirnos en como Jesús quiere que sintamos, pensemos, actuemos y vivamos, Él es nuestro médico y nuestro maestro de vida, si se lo pides Él te enseñará a vivir de tal manera, que irradiaras en tu forma de vivir, de actuar y de pensar el amor de DIOS.

PURIFICAR MI CORAZÓN Y CAMBIAR MI FORMA DE ACTUAR Y VIVIR.

Después de sanar nuestro corazón, continúa la etapa de trasformarlo y purificarlo, al identificar nuestros hábitos dañinos, defectos de carácter, pecados, inclinaciones, impulsos, deseos y vicios, el paso siguiente es la acción sobre ellos, el primer paso es abstenerse de esas conductas y hábitos de vida y conscientemente trabajar en ellos para ir purificando poco a poco nuestro corazón, nuestra voluntad, nuestros impulsos, nuestros deseos, nuestras tendencias, y todo lo que nos aleje de la pureza de nuestro corazón, el proceso de purificar nuestro corazón debe ser continuo y diario, sobre todo pidiéndole la gracia a DIOS de una conciencia minuciosa sobre nuestras más profundas intenciones, impulsos y deseos, lo más importante es tu acción de cambio, quiere decir que diariamente pongas la acción en ti mismo de abstenerte y renunciar con la ayuda y la fuerza de DIOS y por el amor a DIOS, a todo lo que sea contrario a la pureza de tu corazón, ya que entre más puro sea tu corazón más plenamente habitará DIOS en el.

A continuación en esta gráfica podrás identificar la acción de transformacion en tus defectos de caracter y patrones de conducta que te dañan a ti y a los demás:

PURIFICANDO EL CORAZÓN

• DEFECTO DE CARACTER • PATRONES DE CONDUCTA	ACCIÓN DE TRANSFORMACIÓN
• IMPRUDENTE	• PRUDENTE
• PRECIPITADO, INCAUTO	• CAUTO
• DESORDENADO	• ORDENADO
• EGOÍSTA, ENVIDIOSO	• GENEROSO
• DESCORTÉS	• CORTÉS
• DESCONFIADO	• CONFIADO
• IRRESPONSABLE	• RESPONSABLE
• FALSO	• AUTÉNTICO, FRANCO
• CREÍDO, PRESUMIDO, ORGULLOSO, SOBERBIO	• MODESTO, HUMILDE, SENCILLO
• TRAICIONERO, ILEGAL	• LEGAL
• MENTIROSO, DESHONESTO	• HONESTO
• INFIEL, DESLEAL	• FIEL, LEAL
• INFELIZ	• FELIZ
• OPORTUNISTA, INTERESADO	• DESINTERESADO
• INMADURO	• MADURO
• IRRACIONAL	• RACIONAL
• ASOCIAL	• SOCIAL
• DESAMOROSO	• AMOROSO
• INTOLERANTE	• TOLERANTE
• TACAÑO	• GENEROSO
• VIOLENTO	• PACÍFICO
• DESAGRADABLE	• AGRADABLE ©

A continuacion veremos la lista de pecados capitales y la virtud de cambio, puesta en acción.

PECADOS CAPITALES	VIRTUD DE CAMBIO EN ACCIÓN
• SOBERBIA	• HUMILDAD
• AVARICIA	• GENEROSIDAD
• LUJURIA	• CASTIDAD
• IRA	• PACIENCIA
• GULA	• TEMPLANZA
• ENVIDIA	• CARIDAD
• PEREZA	• DILIGENCIA

PURIFICACIÓN DIARIA DEL CORAZÓN (EXAMEN DE CONCIENCIA DIARIA).

El proceso de purificación de nuestro corazón debe ser un trabajo diario, poniéndole acción al cambio de nuestras acciones diariamente, para esto te ayudara mucho el que realices diariamente al terminar el día un examen de conciencia de tus acciones, pensamientos y decisiones del día, esto te da la capacidad de desarrollar una conciencia de ti mismo que te ayudará a ir transformando y purificando tu corazón.

METAS DE CAMBIO DE TRANSFORMACIÓN	EXÁMEN DE CONCIENCIA
ANOTA TU LISTA DE LO QUE QUISIERAS CAMBIAR DE TI	AUTOEVALÚATE DIARIAMENTE EN TUS METAS DE CAMBIO
•	•
•	•
•	•
•	•
•	•
•	•
•	•
•	•
•	•
•	•

▎ *Llévale a Jesús en la oración del corazón las cosas que necesitas purificar de tu corazón (defectos de carácter, pecados, vicios, etc.)*

Después de identificar las actitudes que necesitamos dejar y cambiar para ir purificando nuestro corazón a través de la oración del corazón y en nuestro rincón de sanación llevarle a Jesús y mostrarle todas las áreas de tu corazón que necesitas purificar y sanar, Él te espera con todo su amor para darte las gracias necesarias para que poco a poco puedas ir transformando y purificando tu corazón de tus defectos de carácter, hábitos dañinos, pecados y vicios, Jesús te ama y conoce todo lo que hay en lo más profundo de tu corazón y lo único que quiere es que vivas en paz y plenitud, y entre más trabajes en ti mismo por purificar tu corazón vivirás en plenitud y libertad.

▎ *Pedirle a Jesús que te libere y te ayude a cambiar y dejar las conductas dañinas*

Pídele a Jesús que te ayude a purificar tu corazón y a cambiar tu conducta, pídele la gracia y la fuerza para que diariamente puedas trabajar y esforzarte por modificar tu conducta, acciones y tu interior.

GABY JACOBA

CICLO CONSTANTE DE PURIFICACIÓN DEL CORAZÓN

Identificar el defecto de carácter, vicio o pecado

2. Entregarle a **JESÚS** el defecto de carácter, vicio o pecado que quieras cambiar

Pedirle a **JESÚS** que te de la gracia y fuerza para cambiar, fortalecerte en la oración
- Eucaristía
- Confeción
- Adoración al Santísimo

Poner la acción positiva de cambio y transformación al defecto de carácter, vicio o pecado que quieras cambiar

¿COMO VIVO? | ¿COMO QUISIERA VIVIR?

GABY JACOBA

EJERCICIO PARA TU CORAZÓN

"En DIOS nada es imposible de sanar"
—Gaby Jacoba

Practicar diariamente tu examen de conciencia.

*En oración pídele la gracia a Jesús
para transformar tu forma de vivir y actuar.*

CAPÍTULO 18
FÓRMULA DE TRANFORMACIÓN DE VIDA

LA GRACIA DE DIOS + MI VOLUNTAD.

Como vimos al principio, la sanación y la transformación necesitan de una acción en la que colaboremos con la gracia de DIOS, Él necesita de nuestra acción, DIOS nos pone y nos da todo lo necesario para nuestro bien, para sanarnos y transformarnos, pero, así como en el proceso de sanación necesitamos hacer varias acciones para sanar, también para transformarnos y transformar las áreas que necesitemos cambiar en nuestra vida, necesitamos ponerle acción, nuestra decisión, poner nuestra voluntad de querer cambiar, y hacer lo que está en nuestras manos para lograrlo.

ORACIÓN + ACCIÓN.

La oración es conectarnos con DIOS, ya que de Él vienen todos nuestros dones, talentos y capacidades, es importante primero conectarnos a través de la oración con DIOS para pedirle el valor y la fuerza para cambiar y transformar las áreas que necesitemos cambiar en nosotros mismos y en nuestra vida, y después pongamos acción para cambiar.

Ejemplo: Si en mi relación con mi esposo/a tengo el patrón de gritar y ser impaciente la acción sería el cambiar mi actitud y hablar con respeto y paciencia.

Ejemplo: Si a mi hijo le pego y le grito, la acción sería

aprender y formarte como padre y evitar el maltrato físico.
Ejemplo: Si en tu trabajo eres negligente e irresponsable la acción sería ser responsable y dar lo mejor de ti en las tareas que tienes designadas.
Ejemplo: Si has caído en una adicción como las drogas o alcoholismo buscar ayuda como un grupo de 12 pasos de AA o buscar un terapeuta especialista en adicciones.
Ejemplo: Si eres adicto a la pornografía, ponerte en abstinencia pidiéndole a DIOS la fuerza para liberarte de esa compulsión que lastíma tu integridad, pureza y distorsiona el verdadero fin de la sexualidad.
Ejemplo: Si estás en una relación violenta y abusiva la acción sería, poner límites sanos y empezar un proceso de reestructuración de la relación, en fin, la idea que quiero transmitirte es que cualquiera que sea la situación que quieras cambiar en tu vida tienes que poner acción y de la mano de DIOS, buscar la solución para transformar cada situación que quieras cambiar en tu vida.

QUE MI VIDA Y ACTOS SE CONVIERTAN EN UNA ORACIÓN CONSTANTE.

Entre cada vez más tus pensamientos, sentimientos y acciones estén unidos a Jesús y a su amor, siguiendo su ejemplo, sus enseñanzas y mandamientos, tu vida y acciones serán una oración constante sobre todo si empiezas a hacer cada acto y acción en tu vida con amor y por amor, ponerlo en práctica cada día en los pequeños detalles de tu vida y en todas las áreas, piensa como seria tu día si todo lo que haces desde que te despiertas hasta que duermes, lo haces con amor, por amor a DIOS, a ti mismo y a los demás, incluso el tenerlo consiente y practicarlo es como activar todo el amor que hay en ti, cada acto de amor conecta tu ser a DIOS porque entre más amas más unido estas a DIOS.

CAPÍTULO 19

JESÚS, TOMA MI CORAZÓN Y HAZ CON ÉL TU VOLUNTAD

La voluntad de DIOS es nuestra plenitud, Él quiere llevarnos al amor, al entregarle a Jesús nuestro corazón, Él seguirá transformándolo, el continuará sanándolo profundamente, formándolo, liberándolo y haciendo de tu corazón su Sagrario donde habite con todo su amor.

Entregarle tu corazón a DIOS es dejar en sus manos todo tu ser para que lo vuelva a formar de nuevo, Él te dará un corazón nuevo una vida interior nueva, abandónate totalmente, en Él deja tu pasado, tu presente y tu futuro en sus manos, deja a su cuidado a los que amas, tus anhelos, tus sueños, Él en su voluntad pondrá todo en orden en ti y en tu vida, confía en Él, en sus tiempos y en sus caminos.

Espera en su AMOR y permanece unido a el día a día.

DEJO MI VIDA AL CUIDADO DE DIOS.

Decidir poner nuestra vida, nuestros sueños, nuestros anhelos, y a los que amamos al cuidado de DIOS, es empezar a vivir en paz, confiando y abandonado plenamente en Él, confiando en que Él tiene un plan de amor para nuestra vida, es dejar que Él tome el control de todas las áreas de nuestra vida, familia, relaciones, trabajo, estudios, salud, economía, etc. Es poner en sus manos todo lo que no está en nuestras manos, arreglar y solucionar, confiando que sus tiempos y designios son perfectos, abandonarnos en los brazos de DIOS y permitir que el actúe en nuestra vida, que nos conduzca al plan de amor que tiene para nosotros.

TU HAZ TODO LO POSIBLE Y DEJALE LO IMPOSIBLE A DIOS.

Este método nos lleva en cada paso de nuestro proceso de sanación, transformación y recuperación, a vivirlo y hacerlo completamente de la mano de DIOS, es llevar a DIOS a todas las áreas de ti y de tu vida para transformarla, es empezar a construir todo de nuevo unido a DIOS y en su voluntad, primeramente dentro de ti para después empezar a cambiar tu manera de pensar, actuar y vivir, es un trabajo en equipo donde tu harás tu máximo esfuerzo posible por cambiar y transformarte y dejarás a DIOS obrar en lo imposible de tu vida interior y en todas las áreas de tu vida.

Él nos pide que pongamos nuestro 100% de acción y le dejemos el 100% de los resultados, todo cambio siempre será llevándolo en la fórmula de la colaboración con la gracia, Él necesita nuestro 100% de esfuerzo, constancia, disciplina, entrega, determinación, voluntad y perseverancia, en conclusión: toda nuestra acción y Él obrará con su gracia, amor y poder en todo lo que no está en tus manos hacer, es vivir confiando y dejando los resultados de nuestro esfuerzo a la voluntad de DIOS y confiar y agradecer los resultados, porque Él sabe lo que mejor nos conviene.

SANANDO MI CORAZÓN

EJERCICIO PARA TU CORAZÓN

"En DIOS nada es imposible de sanar"
-Gaby Jacoba

Escríbele una carta a Jesús diciéndole todas las áreas de tu vida que quieres que Él cuide, y que con amor le entregas.

En oración pídele la gracia a Jesús
para transformar tu forma de vivir y actuar.

CAPÍTULO 20
TRANSFORMARME EN EL **AMOR DE DIOS**

JESÚS HAS MI CORAZÓN SEMEJANTE AL TUYO.
El milagro de la sanación interior es la transformación profunda de nuestro corazón, de venir de ser un corazón lastimado, lleno de dolor, culpa, miedo, enojo, resentimientos, vergüenza y de vivir en un conflicto interior, a pasar a la paz, a la aceptación, y a la alegría de vivir, es el regalo más grande que nos podemos dar a nosotros mismos y recibir de DIOS, ahora podemos pedirle a Jesús como el alfarero, que haga nuevamente nuestro corazón semejante al de Él, que nos de la gracia de poner nuestra voluntad y nuestra acción para dejar hábitos, patrones, vicios y todo lo que nos aleja de Él, y que podamos día a día trabajar para que nuestro corazón poco a poco se parezca al Sagrado Corazón de Jesús, un corazón principalmente lleno de amor y dulzura.

VIVIR EN LA GRACIA DE DIOS.
En esta nueva vida de nuestro corazón, un aspecto básico es llevar una vida de gracia, una vida de unión y amistad con DIOS, ya que para que nuestro corazón y nuestra alma pueda seguir creciendo y transformándose, necesitan esa unión con DIOS, te sugiero mínimo una vez al mes asistir al Sacramento de la confesión y pedirle a DIOS la gracia de la consciencia minuciosa para constantemente poder verte a ti mismo e identificar todo lo que te aleja de DIOS (pecados), y así continuamente trabajar

en modificar tu ser para convertirte poco a poco en un ser más sano, puro y lleno de DIOS, el trabajo continuo de conocernos, de transformarnos y purificarnos nos lleva a una vida de gracia.

VIVIR Y PERMANECER EN DIOS.

Permanecer en DIOS será la fuente de tu plenitud interior, ¿Cómo puedes pertenecer en DIOS en el transcurso de tus ocupaciones, actividades y responsabilidades diarias? Te unes a DIOS cada que actúas con amor, si pones el amor en acción en tu vida, en como tratas a los demás, en hacer con amor tu trabajo, tus estudios, tus responsabilidades, en conclusión cada que pones amor en tus acciones y activas el amor desde el fondo de tu corazón, te unes a DIOS, es básico que lleves una vida de unión con Él, a través de una relación como con un gran amigo, dedícale tiempo de calidad a tu oración del corazón, a platicar con Él de tu vida, de tus preocupaciones, de tus problemas, de tus sueños, anhelos, temores, pertenecer en Él, será la fuerza de tu vida, visítalo en el Santísimo con la alegría con la que visitas a tu mejor amigo, Él está vivo, presente ahí con toda su luz y amor, asiste a la Santa Misa, si es posible de preferencia diario, la misa es la oración más elevada que existe en la tierra, en cada misa el cielo baja, Jesús vivo en la Santa Eucaristía, al escuchar el evangelio con el corazón, es Jesús mismo que te explica y te enseña a vivir, la Eucaristía es el alimento de amor del alma, servir a los demás y hacer actos de misericordia, corporales y espirituales, es otra manera de pertenecer en DIOS, ya que todo lo que haces por los demás se lo haces a DIOS que vive dentro de ellos, reza el Santo Rosario, de preferencia diario, ya que María Santísima es tu madre, y Jesús te la dio en la cruz, es la mediadora de todas las gracias, y al rezar el Santo Rosario con el corazón, con su amor maternal nos sana y nos lleva al encuentro del Espíritu Santo, pertenecer en DIOS es llevar una vida puesta en obras de amor y en su voluntad y en la decisión de por amor ponerlo a Él en el centro de nuestro corazón y en consecuencia en el centro de nuestra vida y vocación.

EJERCICIO PARA TU CORAZÓN

"En DIOS nada es imposible de sanar"
—Gaby Jacoba

Haz una lista de las áreas de tu vida que quieres y necesitas cambiar y transformar.

*En oración pídele la gracia a Jesús
para transformar tu forma de vivir y actuar.*

CAPÍTULO 21
AUTOESTIMA AMARME Y CUIDARME
A MÍ MISMO

Parte esencial de nuestra recuperación es, transformar nuestra relación con nosotros mismos y empezar a cuidarnos a nosotros mismos, la autoestima es un reflejo de cómo nos amamos y nos vemos en nuestras raíces más profundas, hemos llegado a este punto después de trabajar las raíces de nuestro ser, de identificar y comprender cómo se forma el autoestima, pero en este punto es importante la acción, el ahora conectar nuestro corazón a la fuente del amor que es DIOS mismo y ahora amarnos a nosotros mismos a través de ese amor inagotable y transformarlo, en actos de amor específicos hacia nosotros mismos en nuestra vida presente, lo que se ama se cuida, y parte de la recuperación con este método es construir una nueva autoestima cimentada y nutrida por el amor de DIOS.

1. Conectarnos y amarnos a través del amor de DIOS.
2. Implementar y practicar actos de amor hacia nosotros mismos.
3. Transportar ese amor a acciones de cuidado en todas nuestras áreas, enamorandote del proceso de aprender a amarte.

GABY JACOBA

AUTOESTIMA
=
AMARME TOTALMENTE

GABY JACOBA

PROGRAMA DE AUTO-CUIDADO

ESPIRITUAL	EMOCIONAL	MENTAL	FÍSICO

SANANDO MI CORAZÓN

LISTA DE ACTIVIDADES QUE ME HACEN FELIZ

-
-
-
-
-
-
-
-
-
-
-
-
-
-
-
-
-
-

SANANDO MI CORAZÓN

EJERCICIO PARA TU CORAZÓN

"En DIOS nada es imposible de sanar"
    -Gaby Jacoba

Practicar diariamente 5 cinco de las actividades de tu lista que te hacen feliz.

En oración pídele la gracia a Jesús
para transformar tu forma de vivir y actuar.

CAPÍTULO 22
RENACER EN EL **AMOR DE DIOS**

ERES AMADO.

Al principio del libro vimos que DIOS es amor, y que de el viene el amor como una fuente inagotable, el fin de este proceso y la misión de este método de sanación, es que regreses con todo tu corazón a ese amor, y que después de sanar las heridas y tu historia empieces a vivir conectándote a la fuente inagotable de su amor, al elevar tu corazón a una vida interior unida permanentemente a ese amor, hará que te sientas profundamente amado por DIOS Padre, abrazado por el amor de Jesús y viviendo en los frutos del espíritu santo en tu alma.

La más grande felicidad es saberse y sentirse amado el experimentar con todo tu ser y vida este amor, será un gozo eterno y permanente ya que el amor de DIOS hacia ti es eterno, eres un don de DIOS

DIOS TIENE UN PLAN DE AMOR Y GOZO PARA TI.

Muchas veces cuando estamos heridos y nuestra vida se va complicando en todas las áreas, nos vamos hundiendo en un estado de caos, preocupación, incertidumbre y angustia, y ponemos nuestra mirada en nuestros problemas buscando la manera de resolverlos, al regresar a nuestro corazón, al empezar a sanar y al volver poco a poco a la tranquilidad interior, nuestra mirada interior la regresamos a DIOS, y así podemos ver que

DIOS tiene un plan de amor y gozo para nuestra vida, y si le permitimos obrar en ella, Él poco a poco empezará a restaurar, a organizar y en sus tiempos que son perfectos a solucionar todas las áreas de nuestra vida, lo importante es mantener los ojos de nuestro corazón puestos en Él, confiando en su amor, en sus tiempos, en sus caminos, confiando en que Él construya nuestra vida, que tiene planeada en su amor.

MI FELICIDAD ES CRISTO Y MI VIDA ESTÁ EN ÉL.

Este proceso de sanación, este viaje que has llevado para sanarte y rescatarte, ha renovado tu corazón, lo ha unido profundamente a DIOS y ahora empezarás a experimentar un gozo interior que no se compara con las alegrías del mundo, empezarás a vivir la alegría y el gozo que da el amor de DIOS, tu corazón empezará a vivir el cielo en la tierra ya que entre más un alma se une al amor de DIOS, empieza a vivir el gozo que solo da el saberse y sentirse amado por DIOS, ahora la fuente de tu felicidad será estar unido a Cristo.

UNIR TU CORAZÓN AL SAGRADO CORAZÓN DE JESÚS.

El Sagrado Corazón de Jesús es una fuente inagotable de amor, ternura, dulzura, bondad, misericordia y gozo, el contiene el amor del universo, la potencia de su amor que es inagotable, todas las grietas que hicieron las heridas que dejaron en nuestro corazón, al sanarlas a través de su amor de cada herida sale una nueva raíz que te une al corazón dulcísimo de Jesús, renacer en su amor significa que ahora vives en Él y que tus heridas ahora son un conducto de gracia un vínculo inagotable de amor, alegría y paz que te unen profundamente al dulcísimo corazón de Jesús, renaciendo a una nueva vida.

El fruto de la Sanación Profunda es la unión de nuestro corazón desde las raíces más profundas de nuestro ser al Sagrado Corazón de Jesús.

ACTO DE CONSAGRACIÓN AL SAGRADO CORAZÓN DE JESÚS

(oración compuesta por Santa Margarita María de Alacoque)

Yo _____
Entrego y consagro
al Sagrado Corazón de JESÚS mi
persona y mi vida, mis acciones, trabajos y
sufrimientos para no servirme de ninguna parte de
mi ser, sino para amarle, honrarle y glorificarle. Ésta es
mi voluntad irrevocable: ser todo tuyo y hacerlo todo por su
amor, renunciando de todo corazón a cuanto pudiera desagradarle.

Te elijo, pues, ¡oh Sagrado Corazón!, por el único objeto de mi amor, protector de mi vida, garantía de mi salvación, remedio de mi fragilidad, reparador de todas mis faltas y mi asilo seguro en la hora de la muerte. Corazón lleno de bondad, justifícame ante Dios Padre y desvía de mí los rayos de la justa cólera.

¡Corazón de Amor!, pongo toda mi confianza en TI, pues todo lo temo de mi debilidad, pero todo lo espero de tu bondad. Consume en mi todo lo que te pueda desagradar o resistir. Que tu amor se imprima en lo más íntimo de mi Corazón de tal modo que jamás pueda olvidarte ni separarme de TI.

Te suplico por tu bondad, que mi nombre esté escrito en TI, porque toda mi felicidad es vivir y morir en calidad de esclavo tuyo.
Amén.

SAGRADO CORAZÓN DE JESÚS EN TI CONFÍO

SANANDO MI CORAZÓN

EJERCICIO PARA TU CORAZÓN

"En DIOS nada es imposible de sanar"
-Gaby Jacoba

1. Consigue una imagen del Sagrado Corazón de Jesús.
2. Reza diariamente la consagración al Sagrado Corazón de Jesús.

*En oración pídele la gracia a Jesús
para transformar tu forma de vivir y actuar.*

GABY JACOBA

MARÍA
nuestra MADRE

CAPÍTULO 23
MARÍA NUESTRA MADRE MODELO DE VIRTUDES

Después de sanar y remover las raíces más profundas de nuestra estructura interior, se hace un efecto dominó, se mueven nuestros hábitos, nuestras costumbres, nuestra manera de sentir, pensar y actuar, renacemos a una nueva vida interior que impulsa a un cambio en todo nuestro ser, conductas y manera de vivir, María nuestra madre es el mayor modelo de virtudes, de vida de oración y contemplación, y sobre todo de fidelidad y amor total a DIOS, pedirle a mamá María que sea nuestra guía en esta nueva manera de vivir en DIOS, que nos ayude a profundizar y trabajar en la pureza de nuestro corazón y de nuestra alma, que nos enseñe a vivir la vida amando profundamente a DIOS, poniendo nuestra mirada interior siempre en su divino hijo Jesús, María nuestra madre es la llena de gracia y la causa de nuestra alegría, tomémonos de su mano ya que ella será nuestra guía para llegar al cielo.

IMITAR LAS VIRTUDES DE MARÍA NUESTRA MADRE.

Ser humilde como María.

Amar a DIOS y al prójimo como María.

Tener Fe en DIOS como María.

Tener esperanza como María.

Ser puro como María.

Buscar la pobreza de Corazón como María.

Ser obediente y paciente como María.

MARÍA NUESTRA MADRE MAESTRA Y GUÍA DE ORACIÓN Y CONTEMPLACIÓN.

El cuidado y guía de nuestra Madre María es un don que nos ha dado Jesús al dárnosla como madre en la cruz.

Quisiera que te pusieras a imaginar y cerraras tus ojos, imagínate todo lo que María vivió y contempló con Jesús, desde tenerlo en su propio vientre, cuidarlo de bebé, enseñarlo a caminar, verlo crecer, la mayor parte de la vida de María nuestra madre fue contemplar a Jesús, El Sagrado Corazón de Jesús y el Corazón Inmaculado de María siempre estuvieron unidos y seguirán unidos toda la eternidad, conságrate a Jesús a través de María, ella moldeará tu corazón en amor y virtud, te guiará y preparará tu corazón para que puedas llegar a una unión con el amor de Jesús en plenitud.

Une tu corazón al Inmaculado Corazón de María a través de la oración del Santo Rosario al rezarlo con el corazón ella intercede como una madre, ábrele tu corazón pídele que te ayude y te enseñe a vivir una vida con tus ojos puestos en el cielo en el amor de Jesús y que ese amor te impulse a amar y a servir a tu prójimo, María a través de su mediación maternal te ayudará a convertirte y transformarte en un testimonio y signo del amor de DIOS.

María nuestra madre con su gran amor te llevará a una vida de profunda contemplación y amor por su divino hijo Jesús, ámala y entrégale tu corazón.

EJERCICIO PARA TU CORAZÓN

"En DIOS nada es imposible de sanar"
    −Gaby Jacoba

---

1. Reza el Santo Rosario diariamente con el corazón.

CAPÍTULO 24
VIVIR LOS FRUTOS DEL **ESPÍRITU SANTO** EN MI CORAZÓN

SANACIÓN + ESTADO DE GRACIA
TE LLEVAN A VIVIR LOS FRUTOS DEL ESPIRITU SANTO

Benignidad, Bondad, Amor, Mansedumbre, Longanimidad, Fidelidad, Modestia, Paz, Paciencia, Templanza, Alegría, Castidad

SANACIÓN + VIDA DE GRACIA TE LLEVA A VIVIR EN LOS FRUTOS DEL ESPÍRITU SANTO.

Entre más sano y puro esté nuestro corazón más habita el Espíritu Santo en el en plenitud, empezando a vivir en tu corazón los frutos de el Espíritu Santo.

El proceso de sanar nuestro corazón es un proceso de vaciado, es vaciar nuestro corazón de dolor, sufrimiento, miedo, angustia, culpa y también como efecto de la sanación en la etapa de transformación vaciarlo de conductas dañinas, pecados, vicios, adicciones, malos hábitos, etc. Y al empezarlo a llenar de vida de gracia, unión con DIOS a través de la vida de oración y Sacramentos, práctica de virtudes, obras de misericordia corporales y espirituales va dando el efecto de un corazón cada vez más puro y lleno del Espíritu de DIOS, todo este proceso da como resultado la gracia de empezar a vivir los frutos del Espíritu Santo dentro de nosotros mismos y esto es vivir el cielo dentro de nuestro corazón.

REGALO DEL CIELO, VIVIR EN MI CORAZÓN LOS FRUTOS DEL ESPÍRITU SANTO.

El regalo más grande que podemos recibir en nuestro corazón es el vivir y experimentar en nuestro ser los frutos del Espíritu Santo el sentir dentro de nuestros corazones la paz, el amor, la fe, la paciencia y la bondad que es un regalo del cielo porque es volvernos testimonio de DIOS al vivir los frutos del Espíritu Santo nuestro corazón se convierte en un sagrario de la presencia viva de DIOS es como vivir el cielo anticipado aquí en la tierra, el regalo más inmenso que podemos vivir.

FRUTOS DE LA SANACIÓN EN TU CORAZÓN.

El Milagro más hermoso que DIOS nos ha dado con este proceso de sanación de nuestro corazón, es la renovación de nuestro corazón.

Ahí donde antes en nuestro interior había heridas que nos hacían experimentar dolor, miedo, angustia, enojo, soledad y desolación, ahora después de la obra de DIOS en nuestro corazón, empezamos a vivir en los frutos del Espíritu Santo desde las raíces más profundas de nuestro corazón y ahí donde habían heridas DIOS las sustituyó por los frutos del Espíritu Santo.

VIVIR DÍA A DÍA LOS FRUTOS DEL ESPÍRITU SANTO. SOLO POR HOY JESÚS:

Dame la gracia de reflejar tu amor.

Dame la gracia de transmitir tu alegría.

Dame la gracia de testimoniar tu paz.

Dame la gracia de practicar tu paciencia.

Dame la gracia de expresar tu amabilidad.

Dame la gracia de hacer conocer tu bondad.

Dame la gracia para revelar tu fidelidad.

Dame la gracia para demostrar tu humildad.

Dame la gracia de manifestar tu dominio propio.

FRUTOS DEL ESPÍRITU SANTO

Alegría
Paz
Paciencia
Longanimidad
Benignidad

AMOR

Bondad
Mansedumbre
Fidelidad
Modestia
Templanza
Castidad

EJERCICIO PARA TU CORAZÓN

"En DIOS nada es imposible de sanar"
—Gaby Jacoba

Practica diariamente vivir los frutos del espíritu santo.

*En oración pídele la gracia a Jesús
para transformar tu forma de vivir y actuar.*

CAPÍTULO 25
SOY LIBRE PARA **AMAR**

Que gran emoción siento, gracias a DIOS y a tu esfuerzo, hemos llegado al último capítulo de este libro, que más que un libro es un instrumento que DIOS ha permitido, para sanar nuestros corazones, el viaje nos ha llevado a los rincones más profundos de nuestro corazón, podría decirse a la raíz de nuestra estructura interior, y desde esa raíz renacer en el amor de DIOS, conectando nuestras raíces a la fuente del amor, quedando así libres para amar en plenitud, en esa libertad podemos convertirnos en un instrumento del amor de DIOS para los demás y también con ese mismo amor amarnos a nosotros mismos como Él nos ama, la plenitud de nuestro corazón es amar y ser amados, la potencia más grande que existe es el amor, hoy te invito a que te conviertas en un embajador del amor de DIOS, a través de ti mismo, de tu manera de vivir, de actuar, de pensar, de sentir y de darte a los demás, te invito a que lleves este amor a tu familia, a tus padres, hermanos, a tu esposo o esposa, a tus hijos, a tus amigos, a tus compañeros de trabajo, a tu parroquia, comunidad, grupo de oración, apostolado, vecinos, etc. A que te conviertas en un signo viviente del amor de DIOS en el mundo, porque solo el amor sana, da vida, restaura, crea, inspira y te lleva a vivir el cielo en la tierra, el amor es la respuesta a todas tus preguntas, y la sanación de todas tus heridas, el amor es la vida de tu alma, por que fuiste creado para amar y ser amado, porque tu misión y tu más profundo sentido de vida es vivir amando, lleva este amor de DIOS a todos lados, a donde tú vayas, mira con amor, habla con amor, vive con amor, porque entre más ames, cada impulso de tu corazón será una acción de amor, tu corazón, cada que decida amar desde los más pequeños detalles, desde tus pensamientos, intenciones, entre más actúes y vivas a través del amor más unido estarás a DIOS, el amor es el camino por donde tu vida será plena, el amor te conducirá al cielo, el amor te hará trascender en los corazones de las personas que DIOS te dio para amar, amar será tu más grande éxito, vivir fundido en el amor de DIOS será tu más grande triunfo en la vida, porque DIOS es el amor y amando vives en Él, de aquí a la eternidad, al vivir amando vivirás en el cielo anticipado aquí en la tierra, ya que en el cielo solo se vive amando y DIOS que te ama tanto, que te pensó desde la eternidad, que te ama desde la eternidad, lo único que quiere es que te conviertas en amor, y que vivas con la inmensa felicidad de saberte infinitamente amado por Él.

SANANDO MI CORAZÓN

LIBRE PARA AMAR

MANDAMIENTO DEL AMOR DADO POR JESÚS.

Maestro, ¿cuál es el gran mandamiento de la ley? Y Él le contestó: "Amarás al Señor tu DIOS con todo tu corazón, y con toda tu alma, y con toda tu mente, este es el mas grande y primer mandamiento, y el segundo es semejante a este: Amarás a tu prójimo como a ti mismo, de estos dos mandamientos depende toda la ley y los profetas" (Mt 22:36-40).

CORAZÓN SANO = CORAZÓN LIBRE PARA AMAR.

Este método de sanación esta cimentado en el mandamiento del amor que nos dio Jesús, la misión y el objetivo de este método es lograr que nuestro corazón, después del proceso de sanación quede sano y libre para amar como Jesús nos enseñó, porque en esos tres amores, el amor a DIOS por sobre todas las cosas, el amor a nuestro prójimo y el amor a nosotros mismos se encuentra la plenitud en nuestro corazón y nuestra vida, entre más amemos más felices seremos.

Convierte tu vida en Amor entre más ames más unido estarás a DIOS.

CORAZÓN SANO

=

CORAZÓN LIBRE PARA AMAR

GABY JACOBA

LIBRE PARA AMAR A DIOS

LIBRE PARA AMAR A DIOS.

La sanación y purificación de tu corazón, te da la libertad para amar con todo tu corazón, con toda tu mente, con tus actos, pensamientos, y toda tu voluntad a DIOS, tu corazón después de sanar y experimentar el milagro que DIOS ha hecho en ti, queda unido profundamente a Él, y te da un anhelo por estar cada vez más cerca de Él.

Amando las cosas que te unen a Él día a día (Sacramentos, oración, obras de misericordia, actos de amor etc...), amarlo cada minuto de nuestra vida, tenerlo presente y que todos nuestros pensamientos vayan a Él, es hacer una oración nuestra vida cotidiana, es tener a DIOS como centro de nuestra vida, el habita dentro de nuestro corazón y lo que más anhela es nuestro amor y tener una relación única y personal.

Ámalo con todas las fuerzas de tu corazón, confía en Él, abandónate en su amor, esto será el cielo para ti, ámalo con tu vida, Ámalo con tu forma de actuar, que tu meta diaria sea amarlo y que todo lo que hagas en tu vida sea por Él y para Él.

Haz una lista de 10 actividades donde puedas poner en acción el amor a DIOS en tu diario vivir.

1.
2.
3.
4.
5.
6.
7.
8.
9.
10.

GABY JACOBA

LIBRE PARA AMAR A TU PRÓJIMO

LIBRE PARA AMAR A MI PRÓJIMO.

Sanar el corazón, te da la libertad de amar a los demás con un amor sano y pleno, y al unirte a DIOS como la fuente del amor de tu corazón amaras a tu Prójimo con el amor de DIOS, tu prójimo (es tu próximo) esposo/a, hijos, padres, hermanos, amigos, comunidad, compañeros de trabajo etc. Que gran regalo para los demás que te conviertas en un testimonio vivo del amor de DIOS, que de ti reciban esa luz de esperanza, paz y bondad, que en tu familia seas un signo del amor de DIOS en tu vida cotidiana en tu forma de tratar, hablar, mirar y abrazar, que tu familia viva en tu casa en un ambiente de amor y armonía.

Que lleves a los demás a través de tus obras y acciones la alegría del amor de DIOS, y así como vive DIOS en ti también vive en cada una de las personas, al amar a tu prójimo estas amando también a DIOS que habita en ellos, el darte a los demás, el servir a tu prójimo (obras de misericordia, apostolado, misiones) es poner el amor en acción y poner el amor en obras, vivir amando será el gozo más grande de tu vida.

Haz una lista de 10 actividades donde puedas poner en acción el amor a tu prójimo en tu diario vivir.

1.
2.
3.
4.
5.
6.
7.
8.
9.
10.

GABY JACOBA

LIBRE PARA AMARTE A TI MISMO

LIBRE PARA AMARME A MÍ MISMO.

Al sanar tu corazón y al unirlo a la fuente del amor de DIOS, se crea en ti una nueva afectividad hacia ti mismo, te conviertes en un conducto del amor de DIOS y con ese amor te amas a ti mismo, creando en ti una autoestima cimentada en el amor inagotable, inmenso y eterno que DIOS tiene por ti, que te lleva a amarte, valorarte, cuidarte con el amor y a través del amor de DIOS, viviendo en ti el milagro de lo que el amor de DIOS ha hecho en lo más profundo de tu ser, ahí donde las heridas fragmentaban tu ser, ahí donde te sentías incapaz de amarte y amar, de perdonarte y perdonar, ahí donde solo había una profunda tristeza y soledad, donde la angustia y el miedo paralizaban tu corazón, hoy brotan ríos de agua viva, la luz de DIOS penetra y rompe toda la oscuridad y soledad de tu corazón, y su amor sana, restaura y transforma completamente tu corazón que empieza a latir con la fuerza y la alegría del amor de DIOS, las lágrimas se han ido y solo queda un canto de libertad y gratitud, porque DIOS ha hecho el MILAGRO DE AMOR en ti, por que has vuelto a nacer.

Haz una lista de 10 actividades donde puedas poner en acción el amor a ti mismo en tu diario vivir.

1.
2.
3.
4.
5.
6.
7.
8.
9.
10.

CARTA DE COMPROMISO CONTIGO MISMO.

Yo _____

Me comprometo conmigo mismo a trabajar constantemente en mi sanación, transformación y en la purificación de mi corazón, amarme y cuidarme a través del amor de DIOS y tratar de vivir un día a la vez, poniendo el amor en acción, siendo testimonio vivo del amor de DIOS en mi familia, parroquia, trabajo, comunidad etc...

Amando a DIOS con todo mi corazón y a mi prójimo como a mí mismo.

CARTA DE GABY JACOBA

Que inmensa alegría, juntos hemos caminado por todos los rincones de tu corazón, quiero agradecerte la oportunidad que me has dado de acompañarte en este proceso en el que has entrado a tu corazón para sanarlo y transformarlo, DIOS nos ha unido en este viaje de amor y ahora estamos en su amor unidos por siempre, !te felicito por todo tu esfuerzo y dedicación! en este camino de la sanación de tu corazón.

Seguiremos unidos trabajando continuamente en ser cada día más un signo y testimonio del amor de DIOS.

Te invito a que te unas a esta misión y movimiento de:

Sanando mi Corazón

Ya somos una gran familia en todo el mundo y con la ayuda de DIOS, seguiremos haciendo muchas cosas para continuar trasmitiendo este regalo de DIOS de la Sanación del Corazón, así que te invito a que te sumes a esta misión con tu familia, comunidad, trabajo y país, a que te conviertas en un embajador con tu testimonio, te invito a que te unas a nuestro grupo en Facebook, y a nuestra redes sociales para seguir unidos y llevando al mundo la esperanza y alegría de que: *"EN DIOS NADA ES IMPOSIBLE DE SANAR".*

Con todo el amor de mi corazón te abrazo.

Gaby Jacoba

GABY JACOBA

JESÚS
SOLO SOY
LO QUE TU AMOR
A HECHO DE MI

Gaby Jacoba

♥ **Familia los espero en mis redes sociales**

- gaby jacoba
- gaby Jacoba
- gabyjacoba
- gaby.jacoba
- gaby jacoba

www.gabyjacoba.com

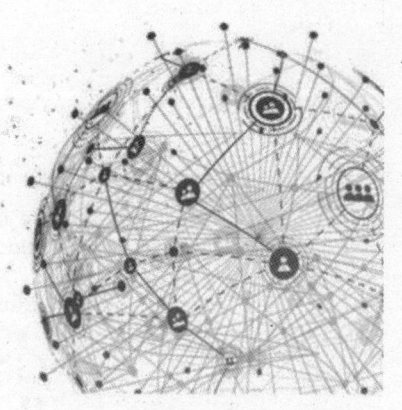

Únete al Movimiento de Sanando mi Corazón

CONTACTANOS
- Únete al movimiento Sanando mi corazón
- Compártenos tu testimonio al leer el libro
- Infórmate de las próximas conferencias, talleres y actividades de Gaby Jacoba

WhatsApp Message Center

Instituto **Sanando mi Corazón** by *Gaby Jacoba*

+1 (956) 905-3219

La presente edición se imprimió en la Ciudad de México
en los talleres litotipográficos de la casa editorial.

Y estuvo a cargo de:

G
R
P México